JN058152

立教大学異文化コミュニケーション学部研究叢書 III

先の見えない現在_{いま}

池田 伸子

川﨑 晶子

髙橋 里美

ロン・マーティン

丸山 千歌

森（三品）聡美

編著

人，地域，文化，社会をつなぐ「ことば」を考える

晃洋書房

は じ め に

　グローバル化の進展により，国境を越えた人，モノ，情報の行き来の自由化と流動化が勢いを増す中，日本では，少子高齢化・人口減少に歯止めがかからず，政府は外国人労働者の受け入れを積極的に進めようとしている．

　これからの時代を生きる．そのために，私たちは何を考え，どう行動すべきなのか．本書では，その問いに対する答えを「ことば」をキーワードに紐解いていく．グローバル化を単なる「経済」の側面から考えるのではなく，「文化間を移動する人々」，「ことばによるコミュニケーション」に焦点を当て，多文化共生や異文化コミュニケーションの視点から改めて「ことば」の果たす役割や意味に言及する．

　本書は，2017 年度立教大学異文化コミュニケーション学部連続講演会「先の見えない現在――人，地域，文化，社会をつなぐ『ことば』を考える――」として行われた講演をもとに，新たに書き下ろした論文を加えて再構成したものである．同学部の言語コミュニケーション研究領域の教員が中心となり，それぞれの専門領域から今の時代，世界における「ことば」の役割や意味を多角的な視点から考察している．

　Section I では，「日本語教育：地域・文化・人をつなぐ「日本語」――学校教育の視点から――」というテーマで，国内外の日本語教育について述べている．西原論文では，少子高齢化，文化を超えて

移動する人々の増加を背景に，日本語教育の重要性や日本語教育の意義を説いている．続いて丸山論文では，国内の日本語教育に焦点を当て，日本語教育人材の育成についてまとめている．最後に池田論文では，海外の日本語教育に焦点を当て，高度人材獲得の視点から，言語文化政策としての日本語教育について述べている．

　SectionⅡでは，「バイリンガリズム研究：バイリンガルの言語使用・言語能力の多様性を探る」というテーマで，複数言語環境下で育つ子どもたちの言語使用と言語能力に焦点を当てている．バイリンガルと一言で言っても，その言語能力は極めて多様である．山本論文では，社会における非主流言語の維持を望む親と，主流言語の使用を好み親の言語は理解にとどまる，いわゆる「受容バイリンガル」となっていく子どもとのインターアクションについてマクロ，ミクロ両視点から分析する．森論文では，家庭内で主流言語を維持しつつ，主に英語を通して学校教育を受けることで並行して二言語能力を高めていく「産出バイリンガル」の言語能力の本質ついて，ナラティヴの分析に基づき概説する．

　SectionⅢでは，「英語教育：Pragmatic and Intercultural Competence（語用論的能力と文化能力）」というテーマで，グローバル化の進む 21 世紀に必要な英語教育とはどのようなものかを説いている．語用論的能力とは，場面や状況に適した言語使用ができる能力であり，異文化能力とは，文化的背景が異なる人々とコミュニケーションを遂行できる能力であるが，この 2 つの能力は必ずしも同一ではない．Ellis 論文では，まず最初にこの 2 つの能力の違いについて概観したうえで，英語学習者に対して英語における語用論的能力の習得を促すだけでなく，母語と目標言語である英語の語用論的能力

の違いや異文化能力の重要性に気づくことができるよう英語教育を展開してゆく有効性について論じている．さらに Martin 論文では，外国語教育に加えて教員養成の視点から，異文化コミュニケーションの役割や意義について述べている．

　SectionⅣでは，「言語習得：社会的存在としての第二言語学習者」というテーマで，第二言語習得をより社会的な角度から概観している．村野井論文では，CLIL（content and language integrated learning）的要素を持った英語活動の実践例を紹介しながら，学習者が社会的存在（social agent）として意味のある言語活動に取り組むことが第二言語習得を促す上で効果的であることについて，理論的背景と実践方法を踏まえながら述べている．さらに，高橋論文では，留学環境において人はどのように第二言語の語用論的能力を習得していくのかについて，考察を行っている．

　SectionⅤでは，「社会言語学・言語人間学：ことばを鳥瞰する」というテーマで，ことばの研究から見えてくる社会や文化の様々な特徴について述べている．鈴木論文では，既成の学問枠にとらわれず，身の回りのことばを観察・分析することにより見えてくる事柄を例示し，日本語と日本人，社会・文化を鳥瞰図的に考察し，大きく変化する世界の中で，これからの多文化共生社会の実現に向けて私たちが何を考えるべきかを示し，川﨑論文では，社会言語学について異文化コミュニケーション的視点からわかりやすく説いている．

　「ことば」に関わる研究領域は，非常に幅広い．さらに，様々な学問領域と密接に関係している．本書が，手に取ってくれた人々の「ことば」に対する関心を高め，それが今後の多文化共生社会の実現へとつながってくれることを願いたい．

　本書の出版にあたっては，数多くの方々のご協力をいただいた．まずはご多忙の折，連続講演会にご登壇くださり，さらにその内容に基づき論文をご寄稿くださった西原鈴子氏，山本雅代氏，ロッド・エリス氏，村野井仁氏，そして鈴木孝夫氏に深くお礼を申し上げたい．日本語教育，バイリンガリズム，外国語教育，第二言語習得，そして社会言語学の各領域にて研究を牽引してこられた研究者から，「ことば」の果たす役割について「異文化コミュニケーション」や「多文化共生」の視点から示唆に富んだ論考をご提供いただいたことは極めて幸いで貴重なことだと考えている．重ね重ねご協力，ご尽力に感謝したい．

　また，本書の出版について根気強くサポートをしてくださった異文化コミュニケーション学部現学部長の浜崎桂子氏，講演会の運営から出版に至るまでの過程において，あらゆる面で支えてくださった本学職員の笠島英里子氏，秋本一頼氏，根本杏奈氏，中里則之氏にあらためて感謝したい．そして最後に，我々の無理難題に柔軟にご対応いただき，さらにこのコロナ禍の中，短時間で校正作業を進めてくださった晃洋書房の井上芳郎氏，坂野美鈴氏に心よりお礼を申し上げたい．

　　2020 年 7 月

編 著 者

目　次

Section IV　言語習得
──社会的存在としての第二言語学習者──

Chapter 8　社会的存在としての第二言語学習者
──CLIL 的要素を持った英語活動の理論と実践──

村野井 仁

Chapter 9　スタディー・アブロード環境における
第二言語語用論的能力の習得

髙橋里美

Section 1

日本語教育

──地域・文化・人をつなぐ「日本語」:
学校教育の視点から──

地域・文化・社会をつなぐ「日本語」
──日本語教育の観点から──

西原鈴子

は じ め に

　近未来の日本社会が「多文化共生社会」，すなわち，社会文化的背景の異なる人々が協働して作り上げる社会統合された多民族社会，に移行する可能性については，各方面からの予想・提言で喫緊の課題とされている．それは，少子高齢化による人口減少の予測，急速にグローバル化する経済とそれに連動する生産年齢人口の移動，優秀な人材を獲得するための国際的競争の激化など，複合的な要因によってもたらされた状況である．

　来るべき「多文化共生社会」において，社会の成員間のコミュニケーションは大きな課題となる．日本においては，リンガ・フランカ（域内共通言語）として機能するのは当然「日本語」ということになると，多くの人々が考えている．しかし，それはそれほど単純なことではない．そのことが実現するためには，出身国/地域の言語がいかなるものであっても，日本で生活するためには日本語でコミュニケーションを行うということに全体として合意すること，受け入れ社会も海外から移住してくる人々に日本語学習の機会を保障する責任と義務を負うことが前提とならなければならない．その上で，さらに残る課題である文化的背景の違いをどのように乗り越えて社

会統合するかという課題に取り組む必要がある．本章は，近未来の
日本におけるコミュニケーションの課題について，日本語教育関係
者の立場から，複数の観点を俯瞰することを試みるものである．

 ## 1　多文化共生社会を希求する日本国内の要因

「多文化共生社会」の到来を切実な課題とする日本社会の現状に
ついて考えてみよう．最重要課題として，進行する人口の少子高齢
化問題が挙げられる．図 1-1 によると，日本の人口構成は，2025
年には 75 歳以上が占める割合が 18% になる．2060 年には，人口が
8674 万人に減少し，65 歳以上は人口の 40% となると予測されてい

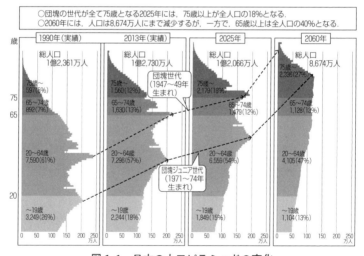

図1-1　日本の人口ピラミッドの変化

出所）総務省「国勢調査」及び「人口推計」，国立社会保障・人口問題研究所「日本の将来推計
　　　人口（平成 24 年 1 月推計）：出生中位・死亡中位推計」（各年 10 月 1 日現在人口）

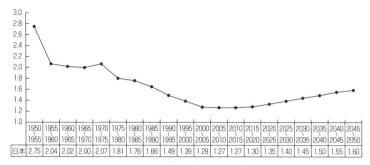

図 1-2　合計特殊出生率の推移

出所）厚生労働省「人口動態統計」.

る. 一方で 20 歳から 64 歳までの生産年齢人口は 47％となり，0
歳から 19 歳までの人口は 13％にまで減少する. このように典型的
な少子高齢化社会となっていく予想なのである.

　少子化の傾向は，合計特殊出生率によって示される. 合計特殊出
生率は，15 歳から 49 歳までの女性の年齢別出生率を合計したもの
であり，一人の女性が一生の間に出産する子供の数に相当する. 人
口を維持するためには，その数値は 2 以上でなければならない. と
ころが，**図 1-2** にあるように，日本の現在の数値は約 1.3 であり，
2045 年から 2050 年の予測値は，現在よりやや上昇するものの，
1.6 にとどまっている. したがって少子化傾向に変化はないことに
なる.

　このような少子高齢化傾向が続いていく場合，生産年齢人口が高
齢人口を支える割合を想定すると，**図 1-3** のようになる. 2050 年
には，生産年齢にある 1 人が 1.2 人の高齢者を支えることになるの
である. その結果，支える側（生産年齢人口）の負担は増加し続け，
彼らが支払う税額は想像するに余りあることになる.

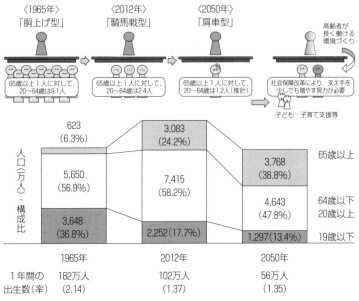

図 1-3　生産年齢人口が支える高齢者の割合

出所）総務省「国勢調査」，社会保障・人口問題研究所「日本の将来推計人口（平成24年1月推計）」（出生中位・死亡中位），厚生労働省「人口動態統計」．

② 未来社会への投資としての定住外国人の受け入れ

　日本社会が直面する人口減社会の到来を見据え，日本経済団体連合会は「人口減少に対応した経済社会のあり方」（2008）という提言を発表した．その中で，人口減少は，① 経済成長，② 財政・年金制度，③ 社会経済システムにマイナスの影響を及ぼすこと，その

影響は時間の経過とともに深刻さを増し，その結果，若者世代が日本を捨てて海外に流出する恐れがあること，そしてそのことが人口減少をさらに加速させる結果を生むことを危惧している．その流れを食い止めるためには，中長期的な経済社会の活力化維持に向けた方策が必要であるとして，① 成長力の強化，② 未来世代の育成，③ 人材の活用・確保が重要であるとしている．① については，潜在的な労働力（女性・若年・高齢者等）の顕在化を，② については，積極的な少子化対策を，③ については，日本型外国人材受入れ政策の検討が必要であるとしている．全世界的な人材獲得競争激化の中で，わが国も定住化を前提として外国人材の積極的受け入れのための法整備，並びに，担当府省の明確化等政府の体制整備が待ったなしの課題であり，高度人材の積極的受け入れ，将来の高度人材となる留学生の受け入れ拡大と就職支援，一定の資格・技能を有する人材の受け入れを推奨している．また，受け入れた外国人材の定着促進のために，地域・政府・企業の連携による社会統合政策の促進，日本語教育強化，社会保障制度の改善適用，就労環境整備，法的地位の安定化，各種行政サービスの向に取り組み，受け入れについての国民的なコンセンサス形成に向けた議論が不可欠であるとしている．

　雑誌『Wedge』(2017) も同様に，定住外国人受け入れを喫緊の課題として，以下の 5 点を重要な検討課題であるとしている．

・政府としての明確な定住外国人受け入れ方針の策定
・定住外国人を「生活者」として「受け入れる」理念の明確化
・政府の責任で日本語教育を行うことの明示

・地域の定住外国人交流拠点の整備
・未来投資会議等の下部組織としての「定住外国人委員会（仮
　称）」の設置

　法務省入国管理局も，第五次出入国管理基本計画（2015）の中で，
次のような方針を発表している．

・我が国経済社会に活力を与える外国人の積極的な受け入れ
・少子高齢化の進展を踏まえた外国人の受け入れについての国
　民的議論の活性化
・新たな技能実習制度の構築
・受け容れた外国人との共生社会実現への寄与
・観光立国実現に向けた取り組み

　未来社会に向けた具体的政策提言としては，毛受（2016）が地方
自治体の受け入れ政策には以下の三つの柱が必要であるとしている．
① 外国人誘致政策，② 地域社会へのソフトランディング政策，お
よび ③ 潜在力活性化政策である．

① 外国人誘致政策とは，地域の魅力を積極的にアピールする
　ことである．そのためには自治体はホームページ等の広報媒
　体を通じて「外国人歓迎」の意思を表明すべきであり，地域
　住民は新たに居住しようとする海外からの人材に対して積極
　的に声をかけ，挨拶し，交流することが強く求められている．
② 地域社会へのソフトランディング政策には以下のようなも

のがあるとされる.

　・日本語学習機会の提供

　・「やさしい日本語」コミュニケーション

　・医療サービスの多言語化

　・生活情報の提供

③潜在力活性化政策とは,在住する外国出身者の活力や潜在力が引き出されることである.そのためには地域の企業等が多様な人材を活用するダイバシティー経営を取り入れる必要がある.この政策提言は,ともすれば海外人材を地域経済の安全弁として使い捨てる傾向に加わらず彼らを地域社会の構成員として平等に待遇し,地域の発展に寄与する存在として待遇しなければならないという,基本的人権遵守の提言と言える.

　受け入れの際の注意点として,山脇他（2002）は,今後の日本の政策が,多様性に基づく社会の構築という観点に立ち,外国出身の民族的少数派が文化的アイデンティティを否定されることなく,対等な構成員として社会に参加し,豊かで活力ある社会の実現を目指すべきであるとしている.

③　国内の日本語教育の必要性に関する議論

　以上のような議論から,日本社会に滞在する海外からの人材を積極的に受け入れることは後戻りできない流れであることが分かる.その結果,日本社会において複数の社会文化的背景を持つ人々を含

む社会統合政策が必要になってくるのである．その一側面として，これからの日本が多文化・多言語社会の様相を拡大していく際に，是非議論しなければならないのが，国内のリンガ・フランカ（域内共通言語）の問題である．これまでの日本では，国民イコール大和民族であるという前提のもと，日本語がリンガ・フランカとして機能することが当たり前のように考えられてきた．しかしこれからは，日本語を公用語として法制化する必要があると筆者は考える．

　一般的に，ある国/地域が公用語を選択しなければならない事態に直面するのは，外国からの侵略によって政治体制が変わり，侵略者の言語を受け容れなければならなくなった場合，あるいは国内に複数の言語グループが拮抗し，混乱を避けるために公用語を1つあるいは複数定めなければ収拾がつかない場合などであろう．公用語の決定に影響を与える要因としては，候補となる言語の母語話者数とその言語話者の持つ Ethnolinguistic Vitality（言語グループの社会・経済的影響力），その国・地域の政治・経済・社会・文化の歴史的展開，メディア，教育，情報流通，出版などに代表される言語インフラの整備状況などがある．近未来の日本においてそのような緊急事態がすぐに生じることは考えにくいが，将来の多文化共生社会において，日本語をリンガ・フランカとして使うことを正当化することが求められる可能性は高い．混乱が生じる前にそれを見越して打つべき手を打って置くことが大事なのではないだろうか．

　公用語であるか否かの議論に関わらす，日本国内において，公正な社会統合のために日本語をリンガ・フランカとして共通のコミュニケーションのツールとするためには，日本語教育関係者はそのためのカリキュラムを構築する責務を負うことになる．

「生活者としての外国人」に対する日本語教育

　文化庁国語課は，2010 年に「「生活者としての外国人」に対する日本語教育の標準的なカリキュラム案」を発表した．日本に滞在する海外出身の人々は，滞在資格の如何にかかわらず，すべて「生活者」であるという考え方に基づき，「外国人を日本社会の一員としてしっかり受け入れ，社会から排除されないようにするための施策を講じていく必要」を事業出発の理念とし，日本での生活に必要な日本語を習得することによって，円滑な社会生活を促進する結果が生まれるとしている．公正な社会統合のためには，リンガ・フランカ（域内共通語）となるのは日本語であるということが当然の前提になっているのは言うまでもない．
図 1-4 はその概念図である．

　この「「生活者としての外国人」に対する日本語教育のカリキュ

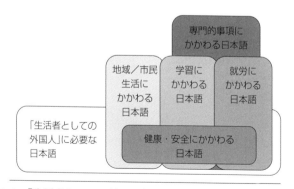

図 1-4　「生活者としての外国人」に必要な日本語教育の位置付け
出所）文化庁国語課「生活者としての外国人」に対する日本語教育の標準的なカリキュラム案．

ラム案」では，外国人が日本語で意思疎通を図り，生活できるように
なることを目的として，以下の4つの点を具体的な目標にしてい
る．

　　① 日本語を使って，健康かつ安全に生活を送ることができる
　　　ようにすること
　　② 日本語を使って，自立した生活を送ることができるように
　　　すること
　　③ 日本語を使って相互理解を図り，社会の一員として生活を
　　　送ることができるようにすること
　　④ 日本語を使って，文化的な生活を送ることができるように
　　　すること

さらに日本入国後日の浅い学習者向けのカリキュラムとして，以下
のような生活上の行為をテーマとして日本語教育が行われることを
提案している．

　　○ 健康・安全に暮らす
　　　・健康を保つ
　　　・安全を守る
　　○ 住居を確保・維持する
　　　・住居を確保する
　　　・住環境を整える
　　○ 消費活動を行う
　　　・物品購入・サービスを利用する

　　　・お金を管理する
　○ 目的地に移動する
　　　・公共交通機関を利用する
　　　・自力で移動する
　○ 人とかかわる
　　　・他者との関係を円滑にする
　○ 社会の一員となる
　　　・地域・社会のルール・マナーを守る
　　　・地域社会に参加する
　○ 自身を豊かにすることができる
　　　・余暇を楽しむ
　○ 情報を収集・発信する
　　　・通信する
　　　・マスメディアを利用する

⑤　行動中心のカリキュラムが意味するところ

　生活上の行為をカリキュラムの中心課題に据えることは，学習者が言語学習の目的として考える，教室の外での社会的なニーズに直接対応するということである．この考え方は，言語の体系を分析的に積み上げていく伝統的な言語教育観・学習観からは大きなパラダイム転換を遂げた結果としての学習者中心のカリキュラムを踏まえている．Nunan（1988）は，外国語教育における「学習者中心主義」の根幹は，言語の教室の外の社会での真のコミュニケーションに備えることであると述べている．また，Lave & Wenger（1991）は，

そもそも学習は，文化的共同体の実践に参加することを通じて半ば潜在的になされるものであるとし，学習は単なる知識・技能の習得過程ではなく，共同体の成員として一人前になる過程であり，学習者と教育者の間に明確な区別はなく，新参者もやがて古参者になるのである．したがって，学習指導は，行動・支援型の認知的徒弟モデルと定義できると述べている．

　言語教育のパラダイム転換は，他の研究領域の成果を背景に踏まえている．まず「知識観の転換」について，海保・加藤（1999）によれば，「知識」は大きく，「宣言的知識」と「手続き的知識」に大別される．「宣言的知識」は，言葉で説明できるような知識であり，情報は意識的に利用可能な形で保持され，「A は B である」「A ならば B である」などの形で表現される．「手続き的知識」は，行為に関する知識である．自転車の乗り方，キーボード入力などのように反復練習によって意識されずに秩序だった行動が可能になるような知識である．「宣言的知識」が 'knowing what' とされるのに対し，「手続き的知識」は 'knowing how' とされている．「宣言的知識」は「意味記憶」と「エピソード記憶」によって構成され，「意味記憶」が覚えようとして意識的に覚える知識であるのにたいし，「エピソード記憶」は個人的な経験の記憶であり，特に覚えておこうとしなくても自然に覚えているのがこの記憶であるとされている．体験知としての「エピソード記憶」と「手続き的知識」の認識は，行動中心の言語教育カリキュラムを支える理論的根拠の一つとされている．

　「言語能力観の転換」については Canale & Swain（1980）に負うところが大きい．彼らは言語能力には 4 つの側面があるとし，伝統

的な語彙，文法中心の「言語的能力」だけでなく，異なった状況の
中で適切に言語を使用する「社会言語的能力」，長い会話に参加し
たり，かなりの量の書かれたテキストを読んだりする「談話能力」，
および，限られた知識を最大限に生かし，コミュニケーションが困
難な時に何とか切り抜けられる「方略能力」の存在を加えている．
「社会言語能力」「談話能力」，「方略能力」はともに社会における現
実の言語運用で役に立つ能力であり，言語教育の実践現場において
は，単に言語知識の伝授だけでは不十分であると指摘した著作とし
て広く知られている．

6　言語教育の世界的潮流

　現在の言語教育実践において，最も影響力が大きいのは，21 世
紀初頭に発表された 2 つの理論的枠組みである．一つは OECD
（Organization for Economic Cooperation and Development ＝経済協力開発機
構）による「キー・コンピテンシー」であり，もう一つはヨーロッ
パ協議会による CEFR（Common European Framework of Reference for
Languages: Learning, teaching, assessment ＝外国語の学習，教授，評価のため
のヨーロッパ共通参照枠）である．
　キー・コンピテンシーは，学校教育および成人教育全般にわたる
達成目標を示しており，言語教育に限定されているわけではない．
しかし，特に学校教育の達成目標に言及した部分では，言語教育も
その対象範囲に含まれていることから，全世界的に影響力のある教
育達成目標として多くの国で教育方針に取り入れられている．キ
ー・コンピテンシーは，基本的理念として，知識や技能だけでなく

技能や態度を含む様々な心理的・社会的なリソースを活用して，特定の文脈の中で複雑な要求（課題）に対応できる力をこれからの子供たちに期待する．その力は，人生の成功や社会の発展にとって有益であり，様々な文脈の中で重要な課題に対応するために必要であり，全ての個人にとって重要なのである．これらは，現在および将来の課題解決に必要な広い範囲の能力を含んでおり，特に以下の三つが重要であると示唆されている．

- ・相互作用的に道具（言語・シンボル・テクスト・知識・情報・技術）を持強いること
- ・自立的に活動すること
- ・異質な集団で交流すること

言語教育の分野においてもこの3点を重要視するカリキュラムを立案することが推奨されている．言語習得の過程を通して，大きな人生の目標に近づくことが個々のスキルの習得よりも重要視されるということである．

　キー・コンピテンシーよりも大きな範囲で影響力を与えたのが，CEFR の概念である．CEFR は，ヨーロッパにおける多言語，多文化社会において個人の中に複数の言語使用を想定する，複言語・複文化主義に端を発する共通参照枠である．CEFR は，人口移動と共同作業が要求される中で，欧州市民に教育・文化・科学の領域に加えて，商業及び工業の領域においても対応する能力を育てることが必要である．効果的な国際コミュニケーションにより，相互理解と寛容性，アイデンティティと文化的差異を尊重する心を育てること

ができる．言語および文化的差異を越えたコミュニケーション能力を高めることが欧州の将来に不可欠であるという共通認識を出発点としている．

　CEFR の言語能力観は，前述の Canale & Swain（1980）と同じく，コミュニケーションのための言語能力を重視している．言語活動は，課題達成のために生活の中でコミュニケーション能力を行使することであり，人間が行動する社会の中の活動領域においてある目的を達成するために必要性を認めた目的行為の途上で直面する課題を遂行するための手段である．その場合に重要なのは，ことばについて何を知っているかではなく，ことばを使って何ができるかをあらわす指標である．CEFR ではそれを 6 段階の共通参照レベルとして表している．すなわち基礎段階の A1，2 レベル，自立段階の B1，2 レベル，および熟達段階の C1，2 レベルである．それぞれのレベルには，活動の能力記述（Can-do statements）が示されており，そのリストに従って能力が測定され，習得の段階に応じて認定される仕組みになっている．それによって，学習者，社会，教育機関が言語能力について共通の指標を持つことができるのである．全ての指標は理論的に妥当であることが証明されており，熟達度のレベルが能力記述によって定義付けられていて，透明性が担保されている．

　CEFR は 2001 年に発表されて以来，ヨーロッパのみならず世界で広く注目され，各言語教育で実際に利用されている．その背景には多くの国・地域で価値観が多様化し，人と人との接触や交流が拡大する社会においてことばによるコミュニケーションの重要性が再認識されていることがある．日本語についても CEFR に準じた指標を用いることにより，日本語の熟達度を CEFR に準じて知るこ

とができ，人々の移動に伴う転校・転職などの際に情報を共有することができるのである．国際交流基金は，2010 年に「JF 日本語スタンダード」を発表し，CEFR と同様のレベル設定に準じて日本語の熟達度を説明できるように設定した．これによって，人々のグローバルな移動に伴う転校・転職などの際に関係者間で情報を共有することが可能になると提案している．文化庁国語課が発表したカリキュラム案においても，このような考え方のもとに「生活者としての外国人」に対する日本語教育のカリキュラムにおいて，学習者が日本語を使って生活上の行為を行う場合に，「〜ができる」という能力記述が用いられているのである．

⑦　受け入れ社会の課題──「やさしい日本語」──

　来るべき多文化共生社会としての日本において，リンガ・フランカとして用いられるべき「日本語」が真にその機能を果たすためには，日本語自体にも変化がもたらされなければならないであろう．日本語運用の諸側面において，従来から定着している日本語社会特有のコミュニケーション・スタイルになじめない新来の社会構成員が出ることが憂慮されるからである．

　たとえば，日本語社会の大きな特徴として挙げられる「高文脈コミュニケーション」がある．Hall（1987）によれば，日本語社会においては伝統的に成員間の人間関係が濃密であり，以心伝心が尊ばれ，コミュニケーション上の文脈情報である背景的知識の共有を前提として，言わなくても分かり合える関係がよしとされている．「甘え」，「義理人情」，「遠慮」，「タテマエ・ホンネ」「ウチ・ソト」

などのキーワードも，高文脈コミュニケーション社会の人間関係を
あらわす特徴として列挙できるものであるという．このような「高
文脈コミュニケーション」社会に生きてきた日本人たちは，無意識
のうちに自分たちがよしとするコミュニケーション・パターンを新
来者である文化的背景を異にする人々にも暗黙のうちに求めてしま
い，社会統合の障壁を作ってしまう可能性があるという訳である．

　「起承転結」の談話構成パターンもそのような例の一つにあげら
れる．Hinds（1983）は，日本語の書き言葉における規範として，前
置きの長さと論点提示に至る過程の紆余曲折とが，そのまま翻訳さ
れた場合には海外の読者から核心に迫らない文章として低い評価を
受けると指摘している．

　コミュニケーション・パターンは言語ごとに独特の規範を作り
出しているため，言語文化的背景を異にする人々が作り出す多文化
共生社会においては，情報の発信・受信の際に周到な配慮が必要に
なる．そのような配慮の延長線上に「やさしい日本語」の議論は展
開してきている．「やさしい日本語」が日本語研究者の間で注目さ
れ始めたのは，阪神淡路大震災の後である．被災した人々の中には
外国人も多くいて，復旧の過程で必要な情報が手に入らなかったた
めに二重の困難を背負うことになった．このことを契機として，緊
急時に必要な状況を簡潔な日本語で発信する方法の研究がはじまっ
たのである．防災に関しては，現在多くの自治体でも検討が進み，
「やさしい日本語」も当初の専門用語扱いから広く知られる一般的
用語に変化しつつあるといえる．

　「やさしい日本語」は，多文化共生時代のリンガ・フランカの課
題を追求するときに欠かせない概念である．庵（2016）は，「やさし

い日本語」に３つの性格を認めている．すなわち ① 初期日本語教育の公的保証の対象，② 地域社会の共通言語，③ 地域型初級である．① は，近未来の日本において，日本語学習が公的に保証されることになった場合に不可欠となるカテゴリーであり ② は，多文化共生社会としての日本が，従来から日本に住んでいるいわゆる日本人も含めて，リンガ・フランカとして機能するべく作り替えていくべき「やさしい日本語」である．③ は地域の生活に密着した日本語学習のカリキュラムを想定している．

　「やさしい日本語」が社会全体のコンセンサスを得て定着するには，踏むべきステップが多数存在する．しかし，前掲の山脇他 (2002) が警告しているような問題，すなわち，日本社会の同質化圧力のもと，少数派の人々がその文化的アイデンティティを自由に表現することができず，そのような文化的同質性の強調が異質なものを許容できない社会を作り出し，豊かな創造性への潜在力を引き出す機会を捨ててしまうことへの危惧，が払拭され，日本が真の意味での多文化共生社会として発展して行くための貴重な一歩として，社会全体として取り組んでいかなければならない課題であると確信するものである．

参考文献

Canale & Swain (1980) Theoretical bases of communicative approaches to second language teaching and testing. *Applied Linguistics* 1, pp.1-47.

Hall & Hall (1987) Hidden Difference: Doing Business with the Japanese. Anchor Press.

Hinds (1983) Contrastive rhetoric: Japanese and English *Text*. pp.3, 183-195.

Lave & Wenger (1991) *Situated learning: Legitimate peripheral participation*.

佐伯胖（訳）（1993）『状況に埋め込まれた学習――正統的周辺参加――』産業図書.

Nunan, D.（1988）*The Learner-Centred Curriculum* Cambridge University Press.

庵功雄（2016）『やさしい日本語――多文化共生社会へ――』岩波書店（岩波新書）1617.

海保博之・加藤隆（1999）『認知研究の技法』福村出版.

厚生労働省政策統括官（2017）『平成29年　我が国の人口動態』.

国際交流基金（2010）『JF日本語教育スタンダード　2010』.

―――（2010）『JF日本語教育スタンダード　2010利用者ガイドブック』

国立社会保障・人口問題研究所HP，http://www.ipss.go.jp，2017年6月19日閲覧.

出井，加藤，磯山，Wedge編集部（2017）「気がつけば移民国家――中途半端な外国人受け入れを正せ――」『Wedge』6月号，pp.12-31.

日本経済団体連合会（2008）「人口減少に対応した経済社会のあり方」http://www.keidanren.or.jp/japanese/policy/2008/073.pdf，2017年6月19日閲覧.

文化審議会国語分科会日本語教育小委員会（2010）「「生活者としての外国人」に対する日本語教育の標準的なカリキュラム案」.

―――（2011）「「生活者としての外国人」に対する日本語教育の標準的なカリキュラム案　活用のためのガイドブック」.

毛受敏浩（編著）（2016）『自治体がひらく日本の移民政策――人口減時代の多文化共生への挑戦――』明石書店.

ライチェン，サルガニック（編著）（立田慶裕監訳）（2006）『キー・コンピテンシー』明石書房.

山脇啓造・柏崎千佳子・近藤敦（2002）「社会統合政策の構築に向けて」『明治大学社会科学研究所ディスカッションペーパーシリーズ』No.J-2002-1.

吉島茂他（訳編）（2004）『外国語の学習，教授，評価のためのヨーロッパ共通参照枠』朝日出版社.

地域・文化・社会をつなぐ日本語教育
——日本語教育人材の養成・研修の観点から——

はじめに

　2019 年 4 月に改正入管法，6 月に日本語教育推進法が施行され，日本社会はさらに多様で多くの外国人と共に生きる時代へ向かい，そして，国や企業は，外国人への日本語教育に対し責務を負う時代に向かうことが明確になった．日本語教育の機会が増えることは，日本語教員の需要が高まることを意味するが，実際に，日本語教員・日本語教育関係者が社会にどのように貢献できるかについては，日本語教師養成・研修が重要な意味を持つ．

　日本語教員の養成は，文化審議会国語分科会が日本語教育の推進に関連して審議を重ねてきており，2018 年 3 月には『日本語教育人材の養成・研修の在り方について（報告）』を，2019 年 3 月にはその改定版を出している．報告では，在留外国人の増加と在留目的の多様化に伴い日本語教育を取り巻く環境が大きく変化していることを鑑み，文化庁が 2000 年に発表した大学等での日本語教師養成の基本的な指針，『日本語教育のための教員養成について』における課題を整理し，その上で，日本語教育人材とはどのようなものか，また日本語教育人材に対する研修などを提示している（文化庁 2018, 2019）．

　そこで本章は，文化庁（2000）と文化庁（2018, 2019）の比較を通して，日本語教育人材のイメージがどのように変化したかを整理するとともに，これからの日本語教育人材の育成，特に大学における日本語教員養成プログラムのあり方について論じたい．

 日本語教員から日本語教育人材へ

　言語政策の観点から見た日本語教育のこれまでの経過は伊東（2019）にある通りで，特に日本語教員の養成に関する指針は，1985年の文部省の日本語教育施策の推進に関する調査研究会報告「日本語教員の養成等について」で示され，文化庁（2000）が，時代に合わせて，日本語教員の資質向上とその養成の改善を目指し，教育内容の意義やあり方について報告を行った．文化庁（2019）は，さらに国内外の日本語学習者の多様化が進んだ現状に合わせてまとめられたものである．報告書のタイトルには「日本語教育人材」という語を用い，日本語教育人材には，日本語教師に加え，日本語教育コーディネーター，日本語学習支援者がいることを示した．日本語教育関係者を日本語教師にとどめない点が，これまでの前提と違う．

　日本語教育人材の内訳を整理すると，日本語教師は，文化庁（2000）以前から描かれてきた日本語教員を指し，日本語教育コーディネーターは，日本語教師としての経験を積み，行政や地域の関係機関等と連携してコース設計を行ったり，日本語教員養成プログラムや現職の日本語教員の研修にあたったりする役割を担う人のことを指す．また，日本語教師ではないが，地域の日本語教室等で，日本語教師らとともに未成年を含む学習者の日本語学習支援を行った

り，日本語教師が実施する日本語授業の中で，会話練習に参加し，学習者の日本語運用を促進したりするなどの役割を果たす人が，日本語学習支援者とされている．

　このような日本語教育人材の捉え方は，日本語教育が，日本語授業の運営などの現場対応にとどまらず，行政や地域の関係機関等と連携して，より適切な日本語学習環境の形成に貢献することや，日本語学習支援者として日本語授業を支えることで，多様な言語・文化等への理解を深め，多様な人が住みやすい地域づくり，地域の活性化に貢献することを意味している．

　文化庁（2019）は，日本語教育人材の活躍の場も整理している．まず，国内と海外に分け，国内の日本語教育の対象を生活者としての外国人，留学生，児童生徒等，就労者，難民等の５つに整理し，日本語教師は，現場の特性に合わせた対応が求められることを明確に打ち出した．また，日本語教師を養成，初任，中堅の３段階，日本語教育コーディネーターを地域日本語コーディネーターと主任教員の２種類に整理し，各段階，種類に応じた研修の設計が検討されている（文化庁 2019: 63-97）．経験に応じた研修を受けることで，教師の成長段階にふさわしい専門性を身につける設計である．

② 日本語教育人材に求められる資質・能力

　このような設計は，日本語教育人材に求められる資質・能力についての考え方が土台にある．文化庁（2018, 2019）の特徴を文化庁（2000）との対比で確認し，新しい日本語教育人材に求められる資質・能力を整理する．

　文化庁（2018, 2019）は，① 日本語教育人材に共通して求められる基本的な資質・能力，② 専門家としての日本語教師に求められる資質・能力，③ 役割・段階・活動分野ごとの日本語教育人材に求められる資質・能力の３つに分けて記述しているが，まず，日本語教師に加え，日本語教育コーディネーター，日本語学習支援者が日本語教育人材として位置付けているため，「日本語教育人材に共通して求められる基本的な資質・能力」を示した．これは文化庁（2000）にはない新しい項目である．当該項目は，日本語運用力のほかに，多様な文化を理解し尊重する態度，日本語教育の特性を挙げている．ここには，日本語教育が，教師が教え，学習者が学ぶという関係に基づくものではなく，教師と学習者とが相互に学び，教え合う実際的なコミュニケーション活動であるという考えがあり，日本語教育人材はもちろん，日本語教育人材に接する関係者に対しても，この考えへの理解を求めていることが見て取れる．

　「専門家としての日本語教師に求められる資質・能力」は，文化庁（2000）の「日本語教員としての基本的な資質・能力について」とほぼ重なるが，「④ 日本語教育に関する専門性とその社会的意義についての自覚と情熱を有し，常に学び続ける態度を有していること．」には文化庁（2000）の（エ）に，「常に学び続ける態度」が追加された．また，「⑤ 日本語教育を通した人間の成長と発達に対する深い理解と関心を有していること．」は文化庁（2000）になかった新規項目である．文化庁（2000）の後，横溝（2002），川口・横溝（2005）等は，教育学で求められる教師の資質・能力，学習者が求める教師像，アメリカのベテランの外国語教師が求められる能力に言及し，日本語教員に人間性や自己成長力も求め，それも視野に入れ

た教員養成を行うことについて議論をしてきた．また横山他（2010）でも様々な観点から教師教育についての議論が行われてきた．今回の記述の追加は，これらの議論や冒頭で触れたこれからの時代を視野に入れた対応だと理解できる．

「役割・段階・活動分野ごとの日本語教育人材に求められる資質・能力」も具体的に整理されている．今後は，日本語教師養成の段階で，すべての役割・段階・活動分野の日本語教育人材に共通する資質・能力が養われ，現場に入ってからは，活躍分野，経験，役割に応じた資質・能力を高めるための研修が行われることになる．

③ 大学の日本語教師養成課程の位置づけと今後の方向性

ここまで，「日本語教育人材」という考え方と，日本語教育人材に求められる資質・能力について見てきた．これらを踏まえて，日本語教師養成の位置づけを確認するとともに，今後の大学の日本語教員養成の方向性について考える．

まず養成段階の位置づけは**図 2-1** で確認できる（文化庁，2019）．この図が示しているのは，① 今後，日本語教員養成課程を修了し日本語教師の道を選択した者は，**図 2-1** が示す活躍分野のどれかを専門とすることになるということと，② 選択した活躍分野で初級から上級学習者の指導に十分な経験（2400 単位時間以上，1 単位時間は45 分以上）を有することで中堅段階の研修の受講対象となるということである．

これを踏まえると，日本語教師養成課程は，受講生が，2400 単

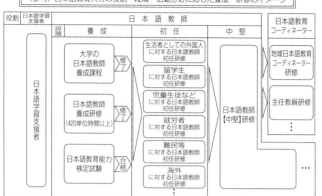

日本語教育人材		受　講　対　象	養成・研修の実施機関
日本語教師	養成	○日本語教師を目指す者	○大学等の教育研修機関
	初任	○日本語教師【養成】を修了した者 ○当該活動分野で新たに日本語教育に携わる者	○教育現場における OJT 研修や 　大学等の教育研修機関
	中堅	○当該活動分野において初級から上級学習者の指導に十 　分な経験（2400単位時間以上※）を有する者	○大学等の教育研修機関
日本語教師 コーディネーター	地域日本語教師 コーディネーター	○中堅を経て，地域日本語教育において 3 年以上の実務 　経験を有し，地方公共団体等でコーディネート業務に 　あたるもの	○文化庁，地方公共団体 及び大学 　等の教育研修実施機関
	主任教員	○日本語教育機関において常勤経験 3 年以上を有する者	○大学等の教育研修機関
日本語学習支援者		○多文化共生・日本語教育に興味関心を持つ者	○地方公共団体, 大学等の教育研 　修機関, NPO 等

※ 1 単位時間は45分以上とする.

**図 2-1　日本語教育人材の役割・段階・活躍分野に応じた養成・研修の
　　　　　イメージ**

出所）文化庁 2019: 102

位時間以上の職業経験をする活躍分野を主体的に検討・選択できる
工夫が求められよう．現在の課題の一つは，牲川他（2019）が指摘
しているような，大学生が日本語教育に関心を持ちつつも，日本語
教師は収入が安定しない等のイメージが強いために日本語教師の道
を選択しないケースを乗り越えることである．一定の経済力を持っ

て日本語教師としてのキャリアを築いている人材をロールモデルとして示すとともにキャリア形成の在り方について紹介するなどの工夫が求められている．今後はこれに加えて，各活躍分野の人材との接触の機会や現場を経験する機会を設けるなどを通して，当該活躍分野で働くことについての意義と具体的なイメージを持ち，自覚をもって主体的に活躍分野を選択する設計が必要となる．

　次に養成段階で培われることが期待されている資質・能力と初任者以降で培われるべき資質・能力の違いから，日本語教師養成課程が自覚して取り組むべき点を考える．筆者は日本語教師の資質・能力を，教師の観点と，語学教師の観点，日本語を教えるという観点から考えることにしている．横山他（2010）をはじめとするこれまでの教師教育の議論を経て，文化庁（2019）では教師という職業に求められる能力・資質と，語学教師に共通して求められる能力・資質についての記述が充実した．また，日本語教師としての経験を重ねるにつれ，社会とつながる力を育てる技能や，多様な機関と連携・協力する記述が加わり，異業種と連携・協働する力を求めている．また，日本語教育の運営や，人材育成，地域の日本語教育プログラムの体制整備といったキーワードが出てくるようになり，「日本語教育」という語を除くと管理職に共通して考えられる資質・能力に関する記述が増え，人材開発や組織開発の観点も提示したと言える．

　一方で，日本語を教えるという側面は，養成段階で記述がされているものの，その後は養成段階で培われた資質・能力が前提になるということで，記述は厚くない．例えば，児童生徒に対する日本語教師【初任】における，「児童生徒等に対する日本語及び日本語と

教科などを関連づけて教えるための知識，日本語指導計画に関する知識を持っている」という記述のように，基本的に「知識を持っている」という記述が多い．能動的な記述は，就労者に対する【初任】における記述の「職場での日本語の使用状況の観察を行う」程度にとどまり，日本語を「内省する」「分析する」，その上で「教材化する」といった記述はない．具体的な研修の内容は「日本語教育人材の養成・研修における教育内容」で確認できるが，初任研修以降は「言語」に関する内容が少ない．縫部（2010）は，目標言語・目標文化に関する専門的知識・技能や，外国語（日本語）教授法に関する理論と授業実践力は「伝統的に重視されてきたもの」だと述べているが，文化庁（2019）の記述を踏まえると，今後現役教師向け研修で重きを置かれない可能性が大きい．日本語教師の専門性は日本語に関する知識を持つことにとどまらない．既存の文法解釈や教材の使い回しに甘んじることなく，自ら日本語を分析し，教材，授業活動に反映させていこうとする力がなければ，「日本語」についての専門性を失う．日本語教師養成段階で，この力がしっかりと培われることが期待されていると考え，設計を工夫することが期待される．

　最後に，大学の日本語教師養成課程の方向性について考えたい．図 2-1 が示す通り，養成段階は，大学の日本語教師養成課程のほかに，日本語教師養成研修の受講など複数の選択肢がある．その中において大学で学ぶ利点を考えたい．大学の日本語教師養成課程と，大学以外の日本語教師養成研修との違いの一つは，受講生の特性である．大学の日本語教師養成課程受講者は主に大学生で，卒業後の選択肢が多様である一方，大学以外の日本語教師養成研修は，日本

語教師になることを念頭に受講するケースが多い．もう一つの違い
は，日本語教育関連科目以外の科目のラインナップである．例えば
筆者の所属学部は，日本語教育に加え，言語教育，通訳翻訳，コミ
ュニケーション，国際協力といった分野を深く学ぶ機会がある．多
くの大学で，日本語教員養成課程が置かれている学部の特性に合わ
せて日本語教育以外の分野に触れ，その観点を生かして日本語教育
をとらえることができる．日本語教育を広い視座でとらえることは，
文化庁（2019）が示す中堅教師に求められる資質・能力にある異業
種との協働・連携の力も培うことにつながり，また，学生自身が，
どのような個性を持つ日本語教師になるかについて能動的に考える
機会を提供することにもなる．大学の日本語教師養成課程は，大学
教育の良さを十分に生かし設計していくことが期待されよう．

おわりに

本章は，文化庁（2000）と（2019）の比較を通じて，これからの社
会に求められる日本語教育人材を整理し，これからの大学における
日本語教師養成課程の方向性を示した．日本語教育能力の判定や研
修の経験が蓄積され，また新しい日本語教育人材の社会貢献が結実
するのはこれからである．大学から輩出される日本語教育人材が社
会で十分に力を発揮できるような設計，実践が期待される．

参考文献

伊東祐郎（2019）「日本語と日本社会をめぐる言語政策・言語計画」『社会言語
　　科学』第22回第1号，社会言語科学会．
川口義一・横溝紳一郎（2005）『LIVE　成長する教師のための日本語教育ガイ

ドブック　上』ひつじ書房.

牲川波都季・有田佳世子他（2019）『日本語教育はどこへ向かうのか』くろし
　お出版.

縫部義憲（2010）「日本語教師が基本的に備えるべき力量・専門性とは何か」
　『日本語教育』144 号，日本語教育学会.

文化庁（2000）『日本語教育のための教員養成について』http://www.bunka.
　go.jp/tokei_hakusho_shuppan/tokeichosa/nihongokyoiku_suishin/nihongo
　kyoiku_yosei/pdf/nihongokyoiku_yosei.pdf，2019 年 12 月 1 日閲覧.

─── （2018）『日本語教育人材の養成・研修の在り方について（報告）』
　http://www.bunka.go.jp/seisaku/bunkashingikai/kokugo/hokoku/pdf/
　r1393555_01.pdf，2019 年 12 月 1 日閲覧.

─── （2019）『日本語教育人材の養成・研修の在り方について（報告）改
　定版』http://www.bunka.go.jp/seisaku/bunkashingikai/kokugo/kokugo/ko
　kugo_70/pdf/r1414272_04.pdf，2019 年 12 月 1 日閲覧.

横溝紳一郎（2002）「日本語教師の資質に関する一考察──先行研究調査より
　──」『広島大学日本語教育研究』第 12 号，pp.49-58.

横山紀子・柏崎雅世他（2010）「特集「今，日本語教師に求められているもの
　──教師教育の課題と展望──」について」『日本語教育』144 号，日本
　語教育学会.

海外における日本語教育
―― 高度人材獲得の視点から言語文化政策としての日本語教育を再考する ――

池田伸子

は じ め に

フランスのアリアンス・フランセーズ，英国のブリティッシュ・カウンシル，ドイツのゲーテ・インスティトゥート，スペインのセルバンテス文化センター，中国の孔子学院，韓国の世宗学堂，そして日本の国際交流基金．これらの機関は，それぞれの国の自国語を海外に普及させる活動を行っている．

このような機関がどのように自国語の海外普及を展開しているかは，当然様々な研究に取り上げられているが，過去の研究を概観してみると，そこに不思議な傾向が見える．日本国内で日本以外の主要先進国の自国語普及について言及する場合，「自国語普及政策」，「対外文化政策」，「対外言語教育政策」，「対外文化教育政策」のように，「政策」という用語が用いられるのだが（セバスティアン・川村(1999)，川村・岸(2004)，近藤(2008)，山川(2010)など），日本の自国語，つまり日本語の普及については，国際交流基金(2003)自身が自らを含む諸外国の機関を「国際交流機関」と呼んでいるように，「国際文化交流」の範疇で議論されることが多いのである（津田 2012）．

日本がこれまでどのように日本語の普及を展開してきたかについ

ては，嶋津（2010）や田尻・大津（2010）で詳細に述べられているが，
戦前の日本では植民地支配のために日本語教育を「国語教育」とし
て植民地あるいは日本軍占領下において強制的に推進してきたこと
から，日本政府は戦後一貫して日本語の海外普及に慎重な姿勢を持
ち続け，結果として，国際交流基金による日本語の海外普及におい
ても，常に相手国・地域のニーズに応えて各国・地域の日本語教育
を支援するという形で実施してきた．そのため，日本における日本
語普及については，「政策」的に国や政府が積極的に推進するとい
うよりも，「文化交流」という控えめなスタンスで語られることが
多かったのだと思われる．

　しかし，2004 年に国際交流基金がそれまでの「支援型」から
「推進型」へ日本語の普及の形態を転換することを表明し（国際交流
基金 2007），2008 年から JF 日本語ネットワークの構築を開始する
など，21 世紀に入ると，日本語の普及について，外交や経済政策，
さらには人材獲得の観点から語られるようになってきている[1]．

　なぜ，21 世紀に入って，このような変化が生じたのか．そこに
は，3 つの理由がある．まず第 1 は，ジョセフ・ナイによって「ソ
フトパワー」の重要性が注目を集めたことである．ソフトパワーと
は，その社会のもつ文化や政治的価値観などを背景として，他国か
ら理解，信頼，支持，共感を得て，国際社会で発揮される影響力で
あり，ナイ（2004）は，「9.11 後の新たな世界でソフトパワーが決定
的に重要」だと述べている．日本のアニメやゲームなどが海外で高
い人気であったこともあり，外務省，経済産業省，国土交通省，文
化庁などがポップカルチャーを活用したソフトパワーをめぐる，も
しくは海外市場開拓を視野に入れたコンテンツ産業などをめぐる政

策（いわゆるクール・ジャパン政策）を展開しており（松井 2010），その流れの中で，海外における日本語普及も日本のポップカルチャーを入り口とする日本語学習者の拡大と結びつき，経済や外交的な観点の中で論じられるようになったのだと思われる．つまり，伝統的な外交の補足的活動と捉えられがちだった広報や交流といった活動が，一国のパワーに関わる活動，パブリック・ディプロマシーに関わる活動として捉えられるようになったのである（金子，北野 2014）．

　2つ目の理由は，日本以外の国々，特に中国や韓国など東アジアの国々が自国語の普及に熱心に取り組み始めたことである．**表 3-1**は，主要国の自国語普及に関わる機関を設立年度順に並べ，その規模を示したものである．

　表 3-1からも明らかなように，中国や韓国は 21 世紀に入ってから自国語の対外普及活動に積極的に取り組み始め，両国の機関とも，日本の国際交流基金より 30 年以上遅れて活動を始めたにもかかわらず，すでに国際交流基金の展開規模を追い越している．このような状況を受け，日本政府としても日本語の普及について外交的な観点から真剣に取り組み始めたのではないだろうか．

　3つ目の理由は，日本の人口減少と世界の留学生人口の増加である．総務省の調査（総務省 2018）によると，2018 年 1 月 1 日現在，日本の人口は 1 億 2770 万 7259 人であり，その中で日本人は 1 億 2520 万 9603 人（前年比 37 万 4055 人の減）である．日本人の人口は，2009 年をピークに毎年減少し続けており，今回の調査では，1968 年の調査開始以来，最大の減少数となっている．一方，外国人は 249 万 7656 人で，前年に比べて 17 万 4228 人，7.5％の増加であり，今の日本は，20 人に一人が外国人という状況にある．さらに，若

表 3-1　主要諸国の自国語普及機関の現況

機関名（国）	設立年度	設置の状況
アリアンス・フランセーズ	1883 年	138 カ国・地域　1085 機関
ブリティッシュ・カウンシル	1934 年	110 カ国・地域　234 以上の機関
ゲーテ・インスティテュート	1951 年	98 カ国・地域　159 機関
国際交流基金	1972 年	24 カ国・地域　25 拠点 （JF にほんごネットワーク 292 機関・団体）
セルバンテス文化センター	1991 年	44 カ国・地域　87 センター
孔子学院	2004 年	157 カ国・地域　539 機関
世宗学堂	2007 年	60 カ国・地域　180 機関

出所）それぞれの機関の現況は，それぞれの機関のサイトを参照した．（2019 年 8 月 25 日閲覧）
アリアンス　フランセーズ　http://chemin-h.com/school_posttype/af-paris
ブリティッシュカウンシル　https://www.britishcouncil.jp/about/japan
ゲーテ　インスティテュート　https://www.goethe.de/en/wwt.html
国際交流基金　https://www.jpf.go.jp/j/world/index.html
JF 日本語ネットワーク　https://www.jpf.go.jp/j/project/japanese/education/network/index.html
セルバンテス文化センター　https://www.cervantes.es/sobre_instituto_cervantes/informacion.htm
孔子学院　http://english.hanban.org/node_10971.htm
世宗学堂　https://www.ksif.or.kr/index.do?lang=eng

い世代では外国人の割合が高くなっており，20 代で見てみると，6.17％，つまり 15〜6 人に一人が外国人となっている．また，大都市では外国人の割合が高く，東京では，20 代の 10 人に一人が外国人である．また，厚生労働省の調査（厚生労働省 2019）では，2018 年 10 月末現在，日本で働いている外国人労働者数は 146 万人であり，日本の就業者数 6664 万人の 2.19％，50 人に一人が外国人である．

OECD（2018）によれば，2016 年における世界の留学生人口は 500 万人であり，1999 年の 200 万人から劇的に増加している．留学

生の誘致は，世界の優れた人材の活用や，イノベーションや生産体
系の開発支援，国民の高齢化が将来的に技能供給にもたらす影響の
緩和のための一つの手段となっており（OECD 2016），優秀な留学生
を巡っては，すでに世界的な誘致競争が生じている．すでに，
OECD 主要国は，留学資格から（卒業あるいは修了を経て）就労資格
へと移行することを「二段階移住（two-step migration）」と称し，こ
の移行を高度技能人材獲得の重要な手段と位置付け，まず留学枠で
国外の学生を誘致し，優秀な学生あるいは卒業者には長期滞在の資
格を与えて国内に留めるという，国家的な人材獲得政策を展開して
いるのである（OECD 2011）．そのような中にあって，世界の留学生
全体の半数以上を占めるアジア出身の留学生の多くが，アメリカ合
衆国，イギリス，オーストラリアという 3 つの国を留学先として選
択している（OECD 2018）．つまり，アジア地域の優秀な人材が，日
本を飛び越えてアメリカやイギリスに渡ってしまっているのである．

　そのような中，2007 年 5 月にアジア・ゲートウェイ戦略会議が
「アジア・ゲートウェイ構想」の重点分野の一つとして掲げた「国
際人材受入・育成戦略」では，高度人材獲得を推進するため，留学
生政策を国家戦略として位置づけ，留学生拡大の具体策として日本
語教育の海外拠点の飛躍的な増大と日本文化の魅力を活かした留学
生獲得を目指すという提案を行った[2]．さらに，教育再生会議の第 2
次報告書においても，留学生政策を教育政策のみならず，産業政策，
外国政策も含めた国家戦略として再編していくことが提起され[3]，そ
れを受ける形で「留学生 30 万人計画」骨子（2008）において，優秀
な留学生を戦略的に獲得していくことが方針化され，渡日前の日本
語教育の強化についても言及された[4]．

　国際交流基金が，「支援型」から「推進型」へと方針を転換し，さらに国家戦略として日本語教育が語られる今，海外における日本語教育，日本語普及はどのように展開していくべきなのか．本章では，日本が方向を転換するきっかけにもなった中国，韓国という2つの東アジアの国と日本を比較することにより，今後の対外日本語教育のあり方について主に留学生獲得の観点から述べる．

　海外における自国語普及の効果

　鈴木 (1978) は，ある言語が国境を越えて学ばれていく要素を，「宗教」「武力 (軍事力)」「文化」「経済力」の4つに分類し，これらの組み合わせによって言語が広まっていくと分析している．また，Crystal (1997) は，ある言語が国際語としての地位を維持拡大していくためには経済力が重要な役割を果たすと述べている．1970年代以降，日本の経済的発展にともなって海外の日本語学習者が増加したことや，中国の経済躍進により中国語の人気が高まっていることなどがその一例であろう．

　しかし，鈴木や Crystal で挙げられている言語普及の要素は，そのいずれも流動的なものであり，ある国の経済力が弱まったり，ある国の文化的魅力が減少したりすれば，その国の言語の学習者は減少していくことになる．現に，日本の経済が減速傾向を見せる中，2015年度に国際交流基金が実施した調査によれば，海外における日本語学習者数は減少している[5]．

　津田 (2012) が述べているように，言語の普及は，その言語を通じて普及先の国における理解者や支持者を増やし，イメージを向上

させ，国のプレゼンスを向上させる．そのため，多くの主要国は，海外で自国語の学習機会を提供し，学習者を増やす活動をすることを通して，自国への理解者，支持者を増やすという政策を進めるのである．

　また，小島（2014）は，海外におけるある言語の普及がその言語を母語とする国にもたらすものは，相手国の政治・社会状況や学習者の年齢層，人数，レベル，学習動機等にも左右され，明確に把握することは難しいとしながらも，自国語普の効果を国家というマクロなレベルから類型化し，次の4つの点を指摘している．

① 自国の文化・社会への理解者の増加

　　学習者がその国の言語を使用した各種リソースに直接アクセスすることにより，文化，社会，歴史などについての理解が深まる．また，語学レベルが高度でなくても，言語を少しでも知ることでその国に対して親近感を持つ可能性が高まる．

② 自国と関わる人材の確保

　　高度な語学力を身につけた人材は，その言語を母語とする国の高等教育機関に留学したり，その国の企業に就職したりする選択肢が広がる．少子高齢化が進展している国にとっては，優秀な人材の確保は自らの社会を活性化するためにも必要性が高い．また，学習者が出身国に留まる場合でも，企業が相手国に進出した際に，自国の語学能力のある人材が存在することは，企業活動にとって有利である．さらに，留学や就職以外でも相手国と様々な交流活動を行う際，自国語を学んだ人材は有力なカウンターパートとなり，交流の質と量の

拡大に寄与する．

③ 語学をベースとした自国マーケットの拡大

　　当該言語の教育に関わる語学機関，教師，教材販売等のマーケットが広がる．また，それに伴い，書籍，雑誌など語学をベースにしたコンテンツの販売市場も拡大する．

④ 相手国の人材開発への貢献

　　学習者が新たな言語を獲得することで，その言語を利用して多様な教育や就職の機会を得たり，異文化に触れたりする可能性が広がる．その意味で，相手国の人財開発にも貢献し，それを通じて間接的に相手国との連携の強化や信頼関係の構築にも寄与する．

　19 世紀末から 20 世紀初頭には，すでにフランス，イギリス，ドイツ，日本などが上記のような言葉の持つ力を認識し，自国語教育の海外への組織的展開を行っていたが，21 世紀を迎え，パブリック・ディプロマシーの重要性の意識が高まるなか，海外での自国語普及に新たな注目が集まり，中国，韓国を含めた主要各国が積極的に自国語教育に取り組むようになっている（小島 2014）．

　また，学生が留学先を決める理由は多岐に渡っているが，OECDが実施した調査によれば，その第 1 位は，「授業で使用する言語が，英語，フランス語，ドイツ語など世界的に広く使用されている言語であること」であり（OECD 2009），英語，フランス語，ドイツ語などが教育言語ではない国にとっては，まずは自国語の学習を通じて自国に興味を持ってもらい，優秀な学生を留学生として誘致するためにも，海外における自国語教育の展開は重要であると思われる．

② 中国，韓国の対外自国語普及政策

（1）中国における対外自国語普及政策

① 設立までの経緯と理念

　中国は，2001年のWTO加盟を契機に，教育分野におけるグローバル化を加速させるため，中国と外国との教育交流や教育協力を促進する政策を打ち出し，それ以降，中国語や中国文化の普及を国策として積極的に展開している（李 2009）．2002年頃から，ブリティッシュ・カウンシルやゲーテ・インスティトゥートなど，他国の対外自国語普及を担う機関の調査研究を行い，その上で，2004年に教育部の直属組織である「国家対外中国語教育指導チーム」（略称「国家漢弁」，2006年に「国家中国語国際普及指導チーム」に名称変更，略称は変らず[6]）が策定した中国語の普及拡大のための国家プロジェクトである「対外中国語教育事業発展計画」（通称「漢語橋プロジェクト」）を承認し（岡本 2007），海外における中国語の普及を本格的にスタートさせた．そして，2004年に教育部が公表した「教育振興行動計画」（2003-2007年）において対外中国語教育を推進・拡大し，積極的に国際教育市場を開拓する方針を打ち出し，その実施計画の柱として孔子学院の設立をあげた（津田 2012）．

　孔子学院は，中国語や中国文化を普及するため，中国政府が海外の大学や教育機関と連携して設置し運営する非営利の教育機関であり，中国政府の「文化走出去」政策の大きな柱の一つとして展開されている[7]（津田 2012）．中国教育部の章新勝副部長（当時）が，「ある国の言語に対するニーズが世界的となり，そのニーズが増大すると

いう現象自体が当該国の地位，総合的国力，世界でのイメージを体現しており，もっと重要なのは，それが同国の未来に対する世界の予測を体現していることだ」と述べている（大塚 2008）ことからもわかるように，中国は，海外における中国語普及政策を自国のソフトパワーの拡大，プレゼンス向上の手段として考えていることがわかる．

② 展開方法，管轄

孔子学院は，中国教育部の直属事業単位である国家漢弁が管轄しており，形式的には非政府機関の形をとっている．しかし，孔子学院を運営管理する組織には，教育部のみならず国務院弁公庁，財政部，務院僑務弁公室，外交部，国家発展と改革委員会，商務部，文化部，国家広播電影電視総局（国家ラジオ映画テレビ総局），新聞出版総署，国務院新聞弁公室，国家語言文字工作委員会など政府関連の12の部や委員会が名を連ねており，その組織の長には閣僚レベルが就任している（馬場 2010）．この組織体制から，中国が孔子学院の設置を国家プロジェクトとして位置づけており，国の戦略として展開しようとしていることがわかる．

孔子学院の展開方法は，各国の大学や地域の既存の中国語教育機関と協同で設立・運営するもので，設置を希望する各国の教育機関が中国の大学，高等教育機関または国家漢弁をパートナーとして協定を結び，それぞれの教育機関内に設置する形をとり，それぞれの孔子学院が連携する中国の大学を持ち，そこから中国人の中国語教師を派遣してもらい，受入れ教育機関の教員がそれに協力する形で開講する（岡本 2007，津田 2012）．

　津田 (2012) によれば，「所在地に中国語・中国文化の学習需要があること，開設の需要に見合った人員，場所・施設・設備があること，必要な開設資金及び安定した経費の出所があること」が孔子学院の設立申請の条件であり，申請が許可されると中国が一定の初期費用を投入し，開設後の運営費は現地機関と 1 対 1 で負担するという．このような「一種フランチャイズ方式」(津田 2012) での展開を実施することにより，孔子学院は急激に普及の拡大を実現させている．

③ 事業内容

　孔子学院では，海外教育機関における中国語教育や中国文化広報活動支援に加えて，中国語学習者の招聘，中国語コンテストの実施，さらには，現地の小中学校の校長や教育関係者，中学生や高校生を中国に呼ぶなどの事業を実施している．

　孔子学院は，大学に設置される「孔子学院 (Confucius Institute)」に加えて，小中高など初等中等教育機関や大学以外の語学学校に設置される「孔子学堂 (孔子課堂) (Confucius Classroom)」も展開しており，現地の小中学校の校長や中学生や高校生の招聘を実施していることからも，孔子学院が児童生徒など低年齢層も視野に入れて展開していることが読み取れる．

　また，各国からの留学生獲得にも熱心で，世界各国の学生や教員が中国に留学して中国語や文化を学ぶ際に奨学金を提供し，資金面の援助を行っている．対象となるのは中国籍以外で，各国の孔子学院・課堂の優秀な学生，海外で中国語の教学に従事または従事することを計画している教員，HSK で成績が優秀な者，漢語橋世界大

会（スピーチ大会）で優秀な成績を収めた大学生・高校生，国外の関係大学等で学んでいる者等であり（孔子学院総部 2009），中国が積極的に資金面で支援していることがわかる．

さらに，孔子学院が，教室での伝統的な教授形態や「中国語教育」という枠にとらわれない形で事業を拡大していることも注目に値する．まず，教授形態については，学校に通わなくても中国語を学ぶ機会を提供するため，インターネット上の「ネット孔子学院」，ラジオ局やテレビ局と連携して実施する「ラジオ孔子学院」，「テレビ孔子学院」を開設し，どこからでもいつでも中国語を学べる環境を整備している．

中国語教育という語学教育の枠にとらわれない形での展開も積極的で，「中医孔子学院」「農業孔子学院」「繊維服装孔子学院」「舞踏・舞台孔子学院」「音楽孔子学院」「飲食文化孔子学院」「茶文化孔子学院」など専門性を高めた孔子学院が設立されている[8]．特に，注目に値するのは，ビジネス孔子学院の存在である．2006 年に中国教育部と英国企業 5 社が，中国語と中国文化の教育を通して英国経済界の対中国理解を深めること目的とし，ロンドンの金融中心地のシティに世界初の「ビジネス孔子学院[9]」を設立することに合意した．このようなビジネス孔子学院は他国にも広がり，アテネ大学に設置されたアテネのビジネス孔子学院，さらにはコペンハーゲンビジネススクールに設置されたコペンハーゲンビジネス孔子学院がすでに運営されている（人民日報日本語版 2006.4.7）．

中国語を教える教員の養成にも力を入れており，2006 年には中国語教師を対象にした修士課程を設置し，ニューヨーク孔子学院修士課程，上海の華東師範大学で開講されている．2004 年には，教

育部が「中国語を外国語として教えるための中国語教育能力認定方法」を，2007年には国家漢弁が海外で中国語を教える教員の養成や研修に関する基準をそれぞれ定め，質の高い教員の育成と確保に取り組んでいる（日暮 2008）．

④ 現在の展開規模

孔子学院は，2004年に最初の学院を韓国のソウルに設立して以降，急速に世界に展開を拡大しており，現時点でその数は157の国，地域に539カ所となっている（孔子学院HPより）．1年に40校弱のペースで新しい学院を開設しているペースであり，その勢いは継続している．

（2）韓国における対外自国語普及政策
① 設立までの経緯，背景 [10]

韓国政府は，1988年のソウル・オリンピックの成功によって韓国の言語や文化に対する世界的認知が高まったことを契機に，文化政策としての自国語普及政策に取り組み始める．1990年の政府組織改編において，それまで教育科学技術部が担当していた国語政策が文化体育観光部に移管され，さらに1995年の文化芸術振興法の改正により，国語に関連する条文が盛り込まれ，その中で「国語の発展および普及（第5条）」が定められた．また，同法に基づく「国語発展計画」にも「韓国語の世界的普及」という項目が設定された（同法施行令11条）．この流れを受けて，2001年には韓国語の世界的な普及と振興を目的とする韓国語世界化財団（世宗学堂財団の前身）が文化観光部（いまの文化体育観光部）の傘下団体として設立され，

2005 年には時代の変化に対応した包括的な国語政策の基盤を準備すべく「国語基本法」が制定された．同法は，今日の韓国における言語政策の中心的位置を占めるもので，文化芸術振興法における国語関連規定の内容や原則を受け継ぎつつ，それを独立・拡充したものである（樋口 2007）．

　国語基本法では，その理念を実現するために 5 年ごとに「国語発展基本計画」を樹立，施行することになっており，第 1 次国語発展基本計画（2007-2011）で示された 3 つの重点推進課題の一つ「東北アジア地域拠点基盤韓国語世界化戦略」において，東北アジアを中心に韓国語・韓国文化を普及し，韓国語を「韓民族の言語から世界の中の言語へ」押し上げることを目的に，韓国語・韓国文化普及活動の拠点として世宗学堂の設立に言及している．

　世宗学堂は，海外で韓国語を学ぼうとする外国人と在外同胞を対象とした教育機関であり，韓国語学習需要が高く，それが十分に満たされていない国や地域に，低コストで良質な韓国語・韓国文化教育機関を設立し，韓国語・韓国文化普及の拠点とすることで現地のニーズに応えるとともに「韓国語文化圏域」を拡大する目的で設置される．世宗学堂の運営を担う韓国語世界化財団の事務所が国立国語院の中にあることからも，民間財団という形を取りながらも政府の方針が反映される組織であるといえよう．

　さらに，2012 年に発表された第 2 次国語発展基本計画（2012-2016）では，推進課題の一つとして「韓国語普及を通じたウリマル（韓国語）の位相強化」が掲げられ，①「世宗学堂」の拡大・運営，② 韓国語教育コンテンツの開発および普及，③ 韓国語教員の現場力量強化という 3 つの具体的な細部課題が示された．予算配分にお

いても多額の予算が割り振られており，韓国政府が世宗学堂の拡大を重要課題として位置づけていることが読み取れる．

② 展開方法，管轄

世宗学堂は，2007 年の発足当時は，文化観光部（いまの文化体育観光部）傘下の国立国語院長を中心に世宗学堂運営本部が構成され運営に当たることとなっていたが，2010 年より，国立国語院内に事務所を置く韓国語世界化財団がその運営を担い，さらに 2012 年には新しく設立された世宗学堂財団へと運営が移管された．2001 年に設立された韓国語世界化財団は，民間からの寄付をもとにした民間財団であったのに対し，世宗学堂財団は政府の資金が投入される法定公益財団であることから，韓国政府がより本腰を入れて世宗学堂の運営に臨む形になったと言える（久田・緒方 2014）．

世宗学堂の設立・運営方式は，「文化体育観光部傘下の在外韓国文化院が運営する韓国語講座を拡大して世宗学堂へ転換し，運営管理を委任する」，「国立国語院が海外の大学や韓国語教育機関と業務協定を結んで協同設立し，運営を委託する」，「国立国語院と協約を結んだ韓国国内の大学が海外の大学や韓国語教育機関と業務協定を結んで協同設立し，運営を委託する」という 3 つの形があるが，現在のところ国立国語院が相手国の大学等と直接協定を結んで協同設立し，運営を委託する形が主流となっている（石川 2008）．また，授業料（外国語として一般の韓国語を学ぶ正規課程の場合は原則無料）や施設費，公共料金や人件費などの一部についても，現地の経済状況等に応じて韓国政府が支援することとなっており，現地の利益と速やかな設置拡大を優先し，ある程度採算を度外視した設立・運営方式

をとっている（石川 2008）.

　世宗学堂の展開において注目すべき点は，韓国政府が「ブランド」の観点から海外における韓国語教育機関を考えていることである．海外で韓国語教育を実施する機関には，「韓国学校」，「韓国教育院」,「ハングル学校」,「韓国文化院」があり，それらの機関を管轄・支援する省庁が複数に分かれていたため，縦割り行政となっていた．そのため，海外にある韓国語教育機関に供給されていた韓国語教材は標準化されず，各省庁がそれぞれ教材を開発し，管轄の韓国語教育機関に供給するシステムであったり，海外にある韓国語教育機関に派遣する韓国語教員を養成するシステムにおいても，それぞれの機関が独自で実施していたことから，その弊害が指摘されていた（趙 2012）.

　そこで，韓国は，省庁の縦割りの解決という非常に難しい課題に取り組み，複数の省庁（教育科学技術部, 外交通商部, 法務部, 文化体育観光部, 知識経済部, 保険福祉家族部, 労働部）が協議を重ね，海外の韓国語普及のためには，海外にある韓国語教育機関のブランド統合あるいは協同ブランド開発が必要であると提案した（趙 2012）.

　その結果，海外で展開するハングル学校，世宗学堂，韓国教育院，韓国文化院などといった名称を統一ブランドの「世宗学堂」に統合することとなり，「世宗学堂」を海外の韓国語教育機関ブランドとして展開し，教材作成や教師研修についても一元化していくことになったのである（文化体育観光部 HP 2009.3.20, 聯合ニュース 2017.12.18）.

③ 事業内容

世宗学堂では，海外教育機関での韓国語教育や韓国の文化広報活

動に加えて，全世界の韓国語教育者の専門性を高めるための「世界韓国語教育者大会」，受講生たちの学習意欲を向上させるため開催される「韓国語スピーチ大会」などを開催している（Korea Net. 2017.10.17）.

　韓国語教育課程は，外国語としての韓国語教育課程（正規課程）以外に，現地韓国語教育の再教育や韓国移住予定者のための韓国語教育など，地域の特性と学習目的に応じた「特化課程」がある．さらに，韓国語教員養成，通訳・翻訳者養成，韓国留学希望者のための韓国語教育など，より高度で専門的な韓国語教育を行う「特別課程」も存在する（石川 2008）．正規課程の授業料は原則無料であり，12歳以上であれば誰でも受講できることから，世宗学堂では，幅広い層の学習者をターゲットとして韓国語教育を展開していることがわかる．また，「特化課程」や「特別課程」を設置することで，韓国留学希望者や教員養成など，高度な韓国語能力を習得させるための課程も設置しており，初級から上級まで教育カリキュラムを提供している.

　世宗学堂の教員は，現地の大学の韓国語教員や韓国から派遣される韓国語教員，教育専門家などによって構成されるが，教員の質保証を重要視しており，在職教員に占める「韓国語教員資格」所持者の割合が一定以上（設立年から3年目までに30%，6年目までに50%，9年目までに80%）となるよう定められている（石川 2008）.

　韓国語教員資格とは，「在外同胞や外国人を対象として国語を教える者」に付与される国家資格であり，文化体育観光部が認定する（石川 2008）．レベルの高いほうから1級から3級までであり，3級を取得するためには，120時間の韓国語教員養成課程を修得し，韓国

語能力検定試験[11]に合格しなければならない（HANA インプレス 2014）.
韓国語教員養成課程は，主に韓国の大学が提供していたが，世宗学堂でも提供を行うなど教員養成にも力を入れている.

　世宗学堂が韓国留学希望者や通訳者翻訳者に対してレベルの高い韓国語教育を実施することができるのは，そこで教える教員の質をかなり厳しくコントロールしているからだと思われる. 2017 年時点で，世宗学堂教員は約 650 人であり，そのうち 70％が韓国から派遣されている. 韓国から派遣される教員は，基本的に韓国語教員資格を持っており，ここからも韓国が一定の質の教員を世宗学堂に置いていることがうかがえる（Korea Net. 2017.10.17）.

　また，インターネットを活用した教育にも力を入れており，「ヌリ世宗学堂」（http://www.sejonghakdang.org）を立ち上げ，場所や時間にとらわれない韓国語学習の機会を提供している. また，同サイトでは，教材や教授法に関するコンテンツも提供しており，韓国語教員も活用できるものとなっている（聯合ニュース 2017.08.12）.

④ 現在の展開規模

　世宗学堂は，2007 年に最重要拠点としたモンゴルからスタートした. 発足初年度には，モンゴル，中国，アメリカの 3 カ国，13 カ所だったが，2019 年現在，60 カ国・地域，180 カ所となっている. 教育機関数としては，発足時の 14 倍近くに増えており，1 年に 15 カ所のペースで新設を進めてきたことになる. また，2019 年には，韓国の有名俳優を世宗学堂の広報大使に任命するなど，さらなる拡大に意欲を見せている（Yahoo! ニュース 2019.7.2）.

③ 日本の対外自国語普及政策と課題

（1）日本の対外自国語普及政策
① 設立までの経緯と理念

　周知のように戦前の日本では植民地支配のために日本語教育を「国語教育」として植民地あるいは日本軍占領下において強制的に推進してきた．そのため日本政府は，敗戦後しばらくは過去の負のイメージを払拭するためにも海外における日本語の普及活動はほとんど行わなかった（友沢 2008）．その後，1954 年にアジアからの国費留学生の受け入れや技術研修性の招聘を契機に，日本は再び海外での日本語教育を実施することになり，1964 年に外務省に文化事業部が再設置されると，外務省は 1970 年代初頭にかけて，「在外公館による日本語講座の開設運営」「日本語教育専門家の派遣」「現地日本語教育機関に対する援助」「日本語教材の送付」「現地人日本語講師の招聘」「現地日本語講座成績優秀者の招聘」等を実施した．

　また，1960 年代中頃には，文部省の関係者も海外における日本語教育の振興に関心を持ち，1965 年に「外国人留学生の日本語教育に関する調査研究会議」が文部省調査局長に提出した「日本語教育の改善充実に関する方策について（案）」という報告書において，「集中的な日本語教育の実施，日本語教育に関する実践的調査研究および日本語教育に必要な学習資料の編成を総合的，一体的に行う日本語教育の中枢機関となる「日本語教育センター（仮称）[12]」設立を求めている．さらに，その報告書では，その「日本語教育センター」をイギリスのブリティッシュ・カウンシルのような自国語普及

機関にまで発展させることも視野に入れていた.

　このような外務省や文部省の動きに呼応するように，国会におい
ても文化外交の一環としての日本語普及事業の必要性や重要性が指
摘されるようになり，その流れの中で 1972 年，当時外務大臣であ
った福田赳夫が「日本語の普及」を任務の一つとする国際交流基金
を設立するための法案を国会に提出し，1972 年に国際交流基金が
設立されることになる.

　国際交流基金は，「国際交流基金法」第 1 条にあるように，日本
に対する諸外国の理解を深め，国際相互理解を増進するとともに，
国際就航活動を促進することを目的とする機関であり，「国際文化
交流事業」の一環として，海外に対する「日本語の普及」(同法 23
条) を担っている[13].

② 展開方法，管轄

　1972 年に誕生した国際交流基金は，2003 年に改組され，現在は
外務省所管の独立行政法人である. 国際交流基金は外務省管轄の独
立行政法人であり，事業計画，予算及び資金計画を作成し，当該事
業年度の開始前に外務大臣の認可を受けなければならない点，資本
金の大部分を日本政府が出資している点などから，基金の国際文化
交流事業は実質的には，日本政府 (外務省) の方向性に沿って展開
されているといえる.

　しかし，日本のポップカルチャーがけん引するクールジャパンを
経済成長につなげたいという動きによって，経済政策や人材獲得の
文脈においても，海外における日本語教育について語られるように
なってきており (津田 2012)，その流れの中で，国際交流基金は，

外務省のみならず，内閣府，総務省，経済産業省，厚生労働省など
の政策を受けながら事業を展開している[14]．

　この後述べるが，現在，国際交流基金は，日本語の普及に関連す
る様々な事業を実施している．しかし，海外で国際交流基金が主導
で行う（日本語交流基金が派遣した教員が直接行う）日本語教育講座は，
国際交流基金の海外拠点において実施されている「JF 日本語講座」，
インドネシア及びフィリピンで実施している「EPA（経済連携協定）
日本語予備教育事業」，マラヤ大学（UM）の予備教育部（PASUM）
に付設された「日本留学特別プログラム（RPKJ/通称 AAJ）」等であ
る（国際交流基金 2016）．海外の日本語教育の中核機関である大学の
日本語学科や日本語教師会等を「JF にほんごネットワーク（通称：
さくらネットワーク）」として認定し，これらの機関と協力して効果
的に日本語を普及する取組や，海外の日本語教育機関に対する教材
開発や教師研修などの事業は数多く展開されているが，それらは基
本的には現地の教員・教育機関に対する後方支援であり，国際交流
基金が「主」となって日本語教育を実施しているとは言えないもの
である．

　孔子学院や世宗学堂が，海外において直接それぞれの国の言語を
教えるという政策を拡大させている中，国際交流基金の展開はやや
控えめに見えるが，この背景には，国際交流基金が海外で日本語普
及事業を実施するにあたって採用している「現地主導」主義という
考え方がある．この「現地主導」主義は，日本語が海外諸国に日本
語教育を押し付けるのではなく，「現地主導によって行われる日本
語教育に対して支援する」という意味合い（前提としての「現地主導」
主義）と，「日本語を教える教員もその国の教員」が中心になるこ

とを目指し，カリキュラムや教材についても各国がそれぞれの地域に応じた，それぞれの学習者のニーズに応じたものを作っていくことを目指すという意味合い（到達目標としての「現地主導」主義）があり，到達目標としての「現地主導」主義は，「日本語教育の現地化」（国際交流基金十五年史編纂委員会編 1990）という表現でも呼ばれる（嶋津 2010）．

つまり，中国の孔子学院や韓国の世宗学堂が，本国から現地で直接自国語を教える教員を派遣してそれぞれの自国語教育を展開するのに対して，日本の国際交流基金は，あくまでも現地の教員を支援することで日本語の普及を図ろうとしていると言える．

しかし，21世紀に入ると，日本語教育の世界的な広がりとニーズの多様性，中国等の活発な言語政策の展開，ヨーロッパにおけるCEFRの誕生を背景に，国際交流基金は，それまでの「支援型」事業から「推進型」事業へと方向転換し（国際交流基金 2007），今日に至っている．

③ 事業内容

国際交流基金では，海外での日本語教育や日本の文化広報活動を支援しており，日本語教育に関連する事業としては，日本語専門家の派遣，現地の日本語教育関係者の招聘，日本語教育機関支援（日本語弁論大会，学術会議やワークショップ，日本語教師研修会等への助成），外国人日本語教師研修，日本語学習者研修および成績優秀者の招聘，日本語教育（学習）教材開発，日本語能力試験の実施等を行っているが，ここでは国際交流基金が「日本語教育の現地化」を目指して開設当初から重点的に取り組んでいる「日本語教育専門家派遣」，

そして，それまでの「支援型」から「推進型」への方向転換に関連する「JF 日本語教育スタンダードの開発」，「JF にほんごネットワークの構築」，「JF 日本語講座」，さらに，学習者がどこからでも日本語学習にアクセスできるよう実施する「Web 上の日本語教材開発」について触れたい[15)]．

① 日本語教育専門家の派遣

　　中等教育レベルでの日本語教育支援や海外拠点でのアドバイザー業務等を目的として，各国教育省，国際交流基金海外拠点，中等・高等教育機関などに日本語教育の専門家を派遣している．2016 年度は東南アジアを中心に 140 人以上を派遣し，各地の日本語教育の自立を支援するため，カリキュラムや教材作成の助言，現地教師の育成や教師間のネットワークづくり，海外拠点等の日本語講座の運営・授業を行う業務を担っている．

② JF 日本語教育スタンダードの開発

　　「相互理解のための日本語」という考え方に基づく日本語教育の「政策や目的，理念を枠組みとして提示し，シラバスやカリキュラムの作成，教材・教授法の開発，能力評価などの具体的な教育活動の指針」となるものとして（国際交流基金2009），「JF 日本語教育スタンダード」の開発を行った．開発の背景としては，海外の日本語教育機関において，ばらばらに実施されている日本語教育の体系化や標準化を図るという目的もあったと思われる（嶋津 2010）．「JF 日本語教育スタンダード」では，日本語の熟達度を 6 段階に区分し，それぞれ

のレベルを「Can do」形式で示して提供するほか, それに準拠した日本語教材として『まるごと 日本のことばと文化』の開発も行っている.

③ JF にほんごネットワーク」(通称「さくらネットワーク」)

世界各地の日本語教育の質の向上のため, 基金の海外拠点や世界各地の中核的な日本語教育機関, 日本語教師会等をつなぐネットワークとして進めている事業であり, 2019 年 3 月現在, 93 の国・地域に 292 機関がつながっている.

④ JF 日本語講座

国際交流基金が運営する一般成人対象の日本語講座で, 世界 31 カ所の JF 講座で約 2 万人 (2015 年度実績) が日本語を学んでいる. JF 日本語講座は, 「JF 日本語教育スタンダード」の考えに基づく日本語教育の普及・定着を目標としており, 一般日本語講座では, それぞれのコースに JF スタンダードに沿って A1〜C2 のレベル表示を行うほか, 学習目標を JF スタンダードに基づく Can-do によって設定し, 評価は Can-do を参照したパフォーマンス評価によって行うことを目指している. また, JF スタンダード準拠教材『まるごと 日本のことばと文化』を使用している. さらに, 一般日本語講座以外にも, 日本文化に結びつけた文化日本語講座や, 日本語能力試験体験講座なども実施している.

⑤ Web 上の日本語学習教材の開発

E ラーニングサイト「アニメ・マンガの日本語」, 映像・WEB 教材「エリンが挑戦！にほんごできます.」など, インターネットや映像を活用した教材開発・運営・普及を行い,

時間や場所に縛られない日本語学習環境を提供している．

④ 現在の展開規模

国際交流基金は，現在 24 カ国 25 の海外拠点を持ち，海外の日本語教育機関等と連携しながら日本語の普及を行っている．この数は，孔子学院や世宗学堂と比較すると非常に少ないことがわかる．2008年にスタートした「JF にほんごネットワーク」には，前述のように 2019 年 3 月現在，93 の国・地域に 292 機関が認定されているが，そのすべてが日本語教育機関ではなく，日本語教師会や留学生会なども含まれているほか，認定されている機関すべてで国際交流基金から派遣された日本語教員が直接教えているわけではないことから，「JF にほんごネットワーク」の機関数を孔子学院や世宗学堂の数と比較するのは適切ではないと思われる．

（2）海外における日本語教育の課題──留学生獲得の観点から──

本章の第 1 節でも述べたように，今，世界では外国人留学生の誘致競争が激化している．従来，アメリカ，イギリスなどの伝統的な留学生受入国では，キャンパスの国際化や多様化といったアカデミックな理由や少子化対策や収入源の拡大などの経済的な理由等によって，外国人留学生を積極的に誘致してきた．しかし，近年，この動きがアジアの国々にも拡大してきている．

中国では，2010 年に『国家中長期教育改革・発展計画綱要（2010-2020)』を公布・施行し，それを受けて教育部が「留学中国計画」を発表，2020 年までに 50 万人の留学生を受け入れ，アジア最大の留学生受入国とするという発展計画を発表し，法規や制度の整備や

奨学金の強化などに取り組んでいる（黒田 2011）.

　韓国では，2012 年 10 月に発表された「Study Korea 2020」において，2020 年までに 20 万人の留学生を誘致するという計画を発表し，留学生誘致に向けた政府招請奨学生（GKS 事業）予算の拡大や，インド，ベトナム，インドネシアなどの理工系大学院進学の需要に対する特化戦略などの施策を導入している（渡部，金 2014）.

　日本においても，「留学生 30 万人計画」のもと，優秀な留学生の受け入れを推進するため，「高度人材受入推進会議」を内閣府に設置し，『外国高度人材受入政策の本格的展開を（報告書）』（高度人材受入推進会議 2009）を取りまとめ，留学生を「高度人材の卵」と位置付けているほか，2010 年の『新成長戦略』においても，21 の国家プロジェクトの一つにグローバル人材の育成と高度人材等の受入れ拡大をあげるなど（新成長戦略 2010），国家政策として優秀な外国人留学生獲得に動いている.

　このように，優秀な外国人留学生の獲得競争が激化する中，日本は今後一層優秀な留学生の誘致活動に注力する必要があり，日本の大学では，渡日前入学の実施や，英語のみで学位が取得できるコースの設置を行っている．しかし，日本の大学に入学を希望する者が受験する日本留学試験の受験者の 8 割は国内での受験であり，海外から日本に来ることなく日本の大学に入学できる仕組みや，日本留学試験を受けるための素地（十分な日本語力，日本留学の情報等）が整っていないのではないかと思われる.

　また，英語だけで学位を取得することが可能であっても，高度人材として日本企業への就職や日本への定住，さらには日本を離れたとしても日本のよき理解者，支持者としての役割を期待する場合，

ある程度の日本語力が必要であり，そのためには，入学後の日本語教育はもちろんではあるが，入学前の日本語予備教育の充実も非常に重要である．

そこで，今後，優秀な外国人留学生を日本留学へと誘致するための日本語教育という視点から，現在の日本語教育における課題を示す．

① 課題1：日本留学につながる日本語教育の不足

国際交流基金では，1982年にマレーシア，インドネシア等で渡日前日本語予備教育事業を実施するなど，これまでも留学前の予備教育としての日本語教育を実施してきているが，国際交流基金の事業における予備教育としての日本語教育はそれほど大きいものではない．中国の東北師範大学，マレーシアのマラヤ大学等においては，現在も日本の大学（大学院）へ留学するための予備教育課程があり，日本語教育の専門家は国際交流基金から派遣されているが，それぞれの国と日本の何等かの協定等に基づいて，特定の分野（主として理工系）の大学（大学院）に進学するための課程となっていて，一般の学生に広く開かれているものではない．また，国際交流基金では，海外拠点において「JF日本語講座」を実施しているが，その対象は一般成人であり，日本留学のための特別なコースを展開してはいない．

孔子学院は157カ国・地域　539機関，世宗学堂は60カ国・地域　180機関でそれぞれの機関において「留学」を目的とする学習者も視野に入れた自国語教育を展開しているが，それに対して，国際交流基金の海外拠点はわずか31カ所であり，「留学」を目的とした講座は行われていないのである．

② 課題2：中等教育課程における日本語教育の限界

国際交流基金が2015年度に実施した「海外日本語教育機関調査2015」によると，世界の日本語学習者数は365万5024人であり，教育機関別では中等教育機関の学習者が全体の47.1％を占めている（国際交流基金 2017a）．つまり，海外の日本語学習者の半数近くが中・高校生ということになる．これを「日本の大学への留学」という視点から見ると，高校生で日本語を学習しているのであれば，現地の高校から直接日本の大学に入学する学生が一定数いるのではないかと期待するのだが，漢字圏の一部の地域を除けば現実はかなり厳しい．

中等教育機関における学習者が多いのは，当該国や地域が自国の教育制度に日本語教育を組み入れているからである．そのため，それぞれの国の中等教育における日本語教育は，それぞれの国や地域の言語政策や教育行政の在り方，あるいは当該国と日本との関係や交流の状況などを反映して，その形態がさまざまであり（嶋津 2010），また当該国の言語政策が変われば大きく影響を受ける．

例えば，フィリピンにおいては，日本語の習得自体よりも「人間教育」「人間性の育成」としての側面が重視され（松本 2016），インドネシアにおいては，変化や複雑さ，不確実さに対応できる能力の育成に貢献できる日本語教育が求められ，日本語の授業が単に日本語を習得するだけでなくそのような能力を育成・向上するための手段として期待される（松本 2014）など，日本語の授業を効率的な「日本語能力の育成」を軸にデザインすることが難しい．そのため，非漢字圏の地域においては，高校で3年間日本語を学習する場合でも，当該国における日本語の授業時間数や，日本語が必修か選択か

等の事情によって，3年間の日本語学習の到達目標がJF日本語教育スタンダードのA1（一番低いレベル）である場合もある（古内，三本等 2017）という．

　現在，JF日本語教育スタンダードと日本語能力試験の対応については明確にされていないが（国際交流基金 2017b），文部科学省が日本の大学の正規の教育課程に入学する場合の目安としている日本語能力試験のN2レベルは，JF日本語教育スタンダードのB1あるいはB2レベルに対応すると思われ（国際交流基金日本語教育事業部 2012），もし仮に，海外の中等教育機関における日本語の到達レベルがJF日本語教育スタンダードA1レベルであれば，英語で学位が取得できるコースでなければ，海外の高校から直接日本の大学に入学するのは非常に難しい．

　国際交流基金がこれまでのようにそれぞれの国が主体となって行う日本語教材の作成やそれぞれの国の教員が日本語を教えるという活動を側面から支援するという形で海外の中等教育レベルの日本語教育と関わり続ける状況の中で，大学卒業後，日本に定着し，高度人材として活躍できる外国人留学生を海外から直接誘致するという目的を達成するのは非常に難しいのではないだろうか．

おわりに
──海外における日本語教育のさらなる推進に向けて──

　2015年度現在，日本語を学習している人の78.2％は東アジアと東南アジアの人々である（国際交流基金 2017a）．また，独立行政法人日本学生支援機構による平成30年度外国人留学生在籍状況調査結

果によれば，2018 年 5 月 1 日現在の留学生数 29 万 8980 人の93.4％がアジアからの留学生である．

　本章の第 2 節で述べたように，海外における自国語普及はパブリック・ディプロマシーの一環として重要な意味を持つ．さらに，留学生の受入れは，知日派・親日派を形成するための重要なファクターであり（津田 2012），高度人材となり得る留学生の受入れは，これからの日本にとっては必要不可欠である．

　21 世紀に入り，中国や韓国を含む世界各国が積極的に自国語の海外普及活動に取り組む中，日本は今後さらに海外における日本語教育を戦略的に進めていく必要がある．現状では，日本の大学に在籍する留学生の約 6 割は国内の日本語学校を経由しているという状況の中（向学新聞 2015.4），優秀な留学生獲得に積極的な国々は，海外での自国語普及に力を入れ，海外から直接自国へ優秀な学生を受入れる状況を整備しようとしている．高度人材を獲得していくためには，日本も海外から直接日本の大学へとつなげる日本語体制を整備するとともに，それに対応する日本語教育が必要なのである．

　本稿では，中国，韓国が海外においてどのように自国語普及を展開しているかを見てきた．最後に，高度人材となり得る留学生を獲得していくために，今後，どのように海外における日本語教育を推進していく上で必要だと考えることを 3 点述べたい．

　まず第 1 は，海外の中等教育機関における日本語教育の目的別展開である．国際交流基金は，これまで文化交流を目的として各国の教育ニーズに応える形で日本語教育支援を行ってきた．最近でも，2005 年にベトナム，2006 年にインドで中等教育レベルの日本語教育が開始されており，世界各国の中等教育機関で日本語教育を普及

してきたという実績は非常に大きい.

　そこで, 今後は, 各国の中等教育課程における日本語教育を「国際文化交流」と「高度人材獲得」に区分し, 高度人材獲得のために日本語教育を展開する現地中等教育機関を指定してそこでは交流基金の教員が主として日本語教育を展開する必要があると考える. あるいは, 国際交流基金の海外拠点を拡大し, そこで高度人材獲得, つまり日本への留学を目的とした日本語講座を開講する形でもいい. 特にアジア地域においてはこのような対策が強く望まれる.

　国際交流基金は, JF 日本語教育スタンダードの開発により, さらに積極的に日本語教育の体系化や標準化を推進しようとしている. それが実現されれば, 世界のどの地域で学んでいる学習者であっても, 同じ基準で日本語の能力を見ることができるようになる.「JF 日本語教育スタンダード」を活用し, 日本留学を目的とするコースでは, その到達目標を非漢字圏であっても A2 (可能であれば B1) とすることで, 海外から直接日本の大学に留学できる可能性は大きく広がると思われる.

　第 2 は, 日本語教育に関係する機関の連携協力の強化である. 海外における日本語の普及事業を担っているのは国際交流基金だが, 現在, 日本語教育には, 文部科学省とその外郭機関, 国立国語研究所, 日本学生支援機構, 民間の日本語教育機関と日本語教育振興協会, 海外の事業は外務省と在外公館, 国際交流基金, 国際協力事業団など多くの機関・団体が関与している.

　2012 年には文化庁が「日本語教育推進会議」を, 2013 年には外務省が「海外における日本語の普及促進に関する有識者懇談会」を立ち上げるなど, 国内外で効率的に日本語教育を推進するための体

制が整いつつある．今後は，国際交流基金がこれまで確率してきた中等教育機関での日本語教育を進化させ，海外から直接優秀な留学生を受入れるための日本語教育について，オール・ジャパンで検討を進める必要があろう．

海外における日本語教育は，文化交流，知日派・親日派の形成，文化理解を通した平和構築，多文化共生への理解，経済関係の強化，高度人材の獲得，日本のプレゼンスの向上など，様々なことに貢献することができる．しかし，それはあくまでも学習者が日本語を習得することを通して実現することができるのだと思う．特に，高度人材の獲得のためには，学習者が一定の日本語力を身につけることが非常に重要である．

現在，日本では 2019 年 4 月 1 日から改正入管法が施行され，新しい在留資格である「特定技能」制度が動き出している．この制度は，特定産業分野に指定された 14 業種（特定技能 1 号，2 号は 2 業種のみ）限定で，介護，建設，外食業など人手不足が深刻な分野に外国人を労働者として受入れていくものであり，今後 5 年で最大 34 万 150 人を受け入れる予定となっている（法務省 HP）．これを受けて，国内では日本語教育を充実させる必要性が多方面から指摘され，文部科学相の諮問機関である文化審議会が一定の水準を担保する基準がない「日本語教師」について，判定試験を設ける方針をまとめ，日本語教師の公的資格化に向けて動き出している（朝日新聞デジタル 2019 年 2 月 21 日）．

特定分野における日本の労働力不足は確かに深刻であるが，日本をよく理解し，日本と海外諸国の橋渡しができる「高度」な外国人人材の獲得もまた，これからの日本にとっては非常に重要である．

　そして，そのような高度外国人材を育成するためには，やはり日本の大学を卒業して日本に定住していく人材を増やす必要がある．

　留学生獲得競争が激化する中，留学先として日本を選び日本の大学で学ぶ優秀な留学生を獲得していくためにも，海外における日本語教育をオール・ジャパンで戦略的に展開していく体制の確率が期待される．

注

1）関連省庁が「日本語学習の需要拡大」や「日本語教育の普及」について触れている．外務省：日本語教育拠点を 100 カ所以上に拡大．2007 年 6 月『日本の発信力強化のための 5 つの提言』　https://www.mofa.go.jp/mofaj/annai/shingikai/koryu/pdfs/h18_teigen.pdf，2019 年 8 月 23 日閲覧.

外務省：経済連携協定締結に伴う日本語学習ニーズの拡大に対する日本語教育の提供は，日本の経済成長に貢献しつつ対日関心を高められる．2008 年 2 月『我が国の発信力強化のための施策と体制──「日本」理解者とファンを増やすために』　https://www.mofa.go.jp/mofaj/annai/shingikai/koryu/pdfs/toshin_ts.pdf，2019 年 8 月 23 日閲覧.

内閣府経済財政諮問会議：ODA 等による日本語教育事業の拡充により海外の日本語学習者数を 300 万人程度に増加させ，長期的には 500 万人程度を目指す．2006 年 5 月「グローバル戦略」　https://www5.cao.go.jp/keizai-shimon/minutes/2006/0518/item10.pdf，2019 年 8 月 23 日閲覧.

首相官邸ウェブサイト：日本語教育政策を戦略的に進めるため，海外の日本語教育拠点を整備拡充，日本語教育に係る関係機関の連携強化を図る．2007 年 7 月「第 7 回海外経済協力会議結果」　https://www.kantei.go.jp/jp/singi/kaigai/dai7/7kekka.html，2019 年 8 月 23 日閲覧.

首相官邸ウェブサイトアジア・ゲートウェイ戦略会議：アジアにおける海外学習拠点大幅増，日本語能力試験見直し推進など日本語教育強化，日本語教育と留学生支援サービスの一体的提供に向けた関係諸機関等の連携強化．2007 年 5 月『「日本文化産業戦略」──文化産業を育む感性豊かな土壌の充実と戦略的な発信──』　http://www.kantei.go.jp/jp/singi/asia/betten_2.pdf，2019 年 8 月 23 日閲覧.

文部科学省：高度人材受入れとも連携させながら優秀な留学生を戦略的に獲得．海外の大学等と連携して効率的に日本語教育拠点を増加させ，海外における日本語教育を積極的に推進．2008 年 7 月「『留学生 30 万人計画』骨子の概要」 https://www.jsps.go.jp/j-kokusaika/data/meibo_siryou/h21/06_kosshi.pdf, 2019 年 8 月 23 日閲覧．

首相官邸ウェブサイト：日本語能力を持つ優秀な現地人材，海外人材の育成手段としての日本語教育の強化．2010 年 6 月『新成長戦略——「元気な日本」復活のシナリオ——』 https://www.kantei.go.jp/jp/sinseichousenryaku/sinseichou01.pdf, 2019 年 8 月 23 日閲覧．

2）アジア・ゲートウェイ戦略会議『アジア・ゲートウェイ構想』2007 年 5 月 16 日 https://www.kantei.go.jp/jp/singi/asia/kousou.pdf, 2019 年 8 月 23 日閲覧．

3）教育再生会議第 2 次報告『社会総がかりで教育再生を——公教育再生に向けた更なる一歩と「教育新時代」のための基盤の再構築』2008 年 6 月 1 日 https://www.kantei.go.jp/jp/singi/kyouiku/houkoku/honbun0601.pdf, 2019 年 8 月 23 日閲覧．

4）文部科学省「『留学生 30 万人計画』骨子の概要」 2008 年 7 月 29 日 https://www.jsps.go.jp/j-kokusaika/data/meibo_siryou/h21/06_kosshi.pdf, 2019 年 8 月 23 日閲覧．

5）国際交流基金（2017）『海外の日本語教育の現状 2015 年度日本語教育機関調査より』https://www.jpf.go.jp/j/project/japanese/survey/result/survey15.html, 2019 年 8 月 23 日閲覧．

2015 年度の海外における日本語教育機関数は 1 万 6179 機関（2012 年度比 0.8% 増），教師数は 6 万 4108 人（0.5% 増），学習者数は 365 万 5024 人（8.3% 減）であり，機関数，教師数が微増した一方，学習者数については減少となった．

6）国家漢弁は，中国語普及にかかわる政策や計画を策定し，各国の教育機関の中国語教育の支援，漢語水平考試（HSK：国家承認の外国人向け中国後能力試験）の基準設定，教員の養成，教材の開発などを行う機関．http://www.hanban.edu.cn/, 2019 年 8 月 23 日閲覧．

7）「走出去」は中国の海外への投資戦略，海外進出という意味合いで使用される．詳細は鎌田文彦・津田深雪（2011）を参照のこと．

8）Record China HP, https://www.recordchina.co.jp/b142063-s0-c10-d0035.

html, 2019 年 8 月 23 日閲覧.

9 ）ロンドンビジネス孔子学院 HP　http://www.lse.ac.uk/collections/confu
ciusInstitute/, 2019 年 8 月 23 日閲覧.

10）韓国における世宗学堂設立までの経緯については, 石川（2008）, 久田・
緒方（2014）, 趙（2012）を参照した.

11）韓国語教育能力試験は, 国語基本法第 19 条に根拠して, 在外同胞や外国
人を対象に国語を教えようとする者の資格として文化体育観光部長官が実施
する試験. 3 級を取得しようとする者は, 韓国語教員養成課程を修了してい
なければならない.

　　　1 次試験は, 韓国語学, 一般言語学および応用言語学, 外国語としての韓
国語教育論, 韓国文化についての筆記試験で, 1 次試験の合格者に対して,
「韓国語教師としての態度及び教師想, 教師の適性及び教職観, 人格及び素
養韓国語能力」を評価する面接試験が実施される. ベストフレンド韓国語学校
HP, https://www.bestfriendcenter.com/ja/korea-working-holiday/license-
course/education-korean-language-teacher-course/, 2019 年 8 月 23 日閲覧.

12）この「日本語教育センター」は, のちに調査研究機関としての「日本語教
育センター」が国立国語研究所に, また留学生予備教育機関としての「日本
語教育センター」が東京外国語大学にそれぞれ設置されることになる.

13）国際交流基金設立の経緯については, 嶋津拓（2010）を参照した.

14）経済政策に関連する日本語普及については, 津田（2012）を参照.

15）それぞれの活動について下記 HP を参照.
国際交流基金, https://www.jpf.go.jp/j/, 2019 年 8 月 23 日閲覧.
JF 日本語教育スタンダード, https://jfstandard.jp/top/ja/render.do, 2019
年 8 月 23 日閲覧.
日 本 語 学 習 教 材, https://www.jpf.go.jp/j/project/japanese/education/re
source/index.html, 2019 年 8 月 23 日閲覧.

参考文献

Crystal, D. （1997）*English as a Global Language*. Cambridge University
Press.

Korea Net. 2017.10.17, http://japanese.korea.net/NewsFocus/People/view?
articleId=149997, 2019 年 8 月 23 日閲覧.

OECD（2009）*Education at a Glance 2008*. OECD Publishing: Paris.

OECD（2011）*International Migration Outlook 2011: SOPEMI 2011.* OECD Publishing.

OECD（2016）*OECD Science, Technology and Innovation Outlook 2016.* OECD Publishing.

朝日新聞デジタル 2019 年 2 月 21 日「日本語教師の資格，教育実習も必須に　文化審議会が方針」，https://www.asahi.com/articles/ASM2N7379M2NUCVL01K.html，2019 年 8 月 23 日閲覧.

石川裕之（2008）「韓国の対外言語政策における韓国語『世界化』」戦略と世宗学堂の設立」『比較教育学研究』第 37 号，pp.57-67.

OECD（2018）『図表でみる教育　OECD インディケータ 2018 年度版』明石書店.

大塚豊（2008）「中国語・中国文化の世界化戦略：孔子学院」『東亜』482，pp.76-77.

岡本佐智子（2007）「『安泰な』言語であるために」『北海道文教大学論集』8，pp.53-72.

金子将史，北野充（2014）『パブリック・ディプロマシー戦略──イメージを競う国家間ゲームにいかに勝利するか──』PHP 研究所.

鎌田文彦・津田深雪（2011）「文化的発信を強化する中国」『世界の中の中国──総合調査報告書──』（調査資料 2010-2），pp.135-153，国立国会図書館調査及び立法考査局.

川村陶子・岸清香（2004）「『文化』は戦略化する　英・独・仏にみる対外文化政策の展開」『遠近』10 月号，国際交流基金，pp.22-27.

黒田千晴（2011）「中国の留学生政策──人材資源強国を目指して」『留学交流』2011 年 4 月，Vol.1，https://www.jasso.go.jp/ryugaku/related/kouryu/2011/__icsFiles/afieldfile/2015/11/19/chiharukuroda.pdf，2019 年 8 月 23 日閲覧.

向学新聞　2015 年 4 月記事，http://ifsa.jp/index.php?1504-top，2019 年 8 月 23 日閲覧.

孔子学院総部（2009）「孔子学院奨学金」『孔子学院』第 3 期.

厚生労働省（2019）「外国人雇用状況」の届出状況まとめ（平成 30 年 10 月末現在），https://www.mhlw.go.jp/stf/newpage_03337.html，2019 年 8 月 23 日閲覧.

高度人材受入推進会議（2009）『外国高度人材受入政策の本格的展開を（報告

書）』2009.5.29 首相官邸ウェブサイト，https://www.kantei.go.jp/jp/singi/jinzai/dai2/houkoku.pdf，2019 年 8 月 23 日閲覧.

近藤隆弘（2008）「対外言語政策：特集の趣旨」『比較教育学研究』37，日本比較教育学会，2.

国際交流基金（2003）『主要先進諸国における国際交流期間調査報告書』，国際交流基金.

——（2007）『日本語教育スタンダードの構築をめざす国際ラウンドテーブル会議録』，国際交流基金.

——（2009）『JF 日本語教育スタンダード試行版』.

——（2017a）『海外の日本語教育の現状　2015 年度日本語教育機関調査より』，https://www.jpf.go.jp/j/project/japanese/survey/result/dl/survey_2015/all.pdf，2019 年 8 月 23 日閲覧.

——（2017b）「JF 日本語教育スタンダードに基づいた評価と日本語能力試験の合否判定との関係——最終報告書」，https://jfstandard.jp/pdf/jfs_jlpt_report2017.pd，2019 年 8 月 23 日閲覧.

国際交流基金十五年史編纂委員会編（1990）『国際交流基金十五年のあゆみ』.

国際交流基金日本語教育事業部（2012）「JF 日本語教育スタンダードに基づいたパフォーマンス評価と日本語能力試験の合否判定との関係——国際交流基金研修参加者を対象とした試行調査——」，https://jfstandard.jp/pdf/jfs_jlpt_report.pdf，2019 年 8 月 23 日閲覧.

小島寛之（2014）「第 13 章日本語教育」金子将史，北野充『パブリック・ディプロマシー戦略 イメージを競う国家間ゲームにいかに勝利するか』，pp.332-351.

嶋津拓（2010）『言語政策として「日本語の普及」はどうあったか——国際文化交流の周縁——』ひつじ書房.

『新成長戦略——「元気な日本」復活のシナリオ——』（2010.6.18）首相官邸ウェブサイト，https://www.kantei.go.jp/jp/sinseichousenryaku/sinseichou01.pdf，2019 年 8 月 23 日閲覧.

人民網日本語版 2006 年 4 月 7 日，http://j.people.com.cn/2006/04/07/jp20060407_58822.htm，2019 年 8 月 23 日閲覧.

鈴木孝夫（1978）「なぜ外国人に日本語を教えるのか」『日本語教育国際会議』資料.

セバスティアン・グラープ＝ケネカー・川村陶子（1999）「日本における英国

とフランスの自国語普及政策――言語を通した国際関係運営の二つのケース――」『外国語研究紀要』4，東京大学大学院総合文化研究科教養学部外国語委員会，pp.18-43.

総務省（2018）「人口動態調査」，http://www.soumu.go.jp/menu_news/s-news/01gyosei02_02000177.html，2019 年 8 月 23 日閲覧.

田尻英三・大津由紀雄（編）（2010）『言語政策を問う！』ひつじ書房.

趙承勲（2012）「韓国語教育のグローバル化の現状」『尚絅学院大学紀要』64号，pp.101-113.

津田深雪（2012）「日本語普及による我が国のプレゼンスの向上――経済成長を推進する知的基盤構築のために――」『技術と文化による日本の再生――インフラ，コンテンツ等の海外展開――』，国立国会図書館，pp.139-156.

独立行政法人日本語学生支援機構（2018）『平成 30 年度外国人留学生在籍状況調査結果』，https://www.jasso.go.jp/about/statistics/intl_student_e/2018/index.html，2019 年 8 月 23 日閲覧.

友沢昭江（2008）「日本と韓国における自国語普及施策の比較」『桃山学院大学総合研究所紀要』3(3)，pp.35-48.

ナイ，ジョセフ・S.（2004）『ソフト・パワー――21 世紀国際政治を制する見えざる力――』（山岡洋一訳）　日本経済新聞社.

HANA インプレス（2014）『韓国語学習ジャーナル hana Vol.03』.

馬場毅（2010）「中国の対外教育――孔子学院を中心に――」『ICCS 現代中国学ジャーナル』2(1)，pp.212-220.

樋口謙一郎（2007）「解放後の韓国における言語政策の展開」山本忠行・河原俊昭編著『世界の言語政策第 2 集――多言語社会に備えて――』くろしお出版.

日暮トモ子（2008）「中国の対外言語教育政策――現状と課題――」『比較教育学研究』37，pp.68-78.

久田和孝・緒方義広（2014）「文化外交としての韓国語普及政策：日本における韓国教育院と世宗学堂を中心に」『人文学研究所報』51，pp.67-90　神奈川大学人文学研究所.

古内綾子，三本智哉，五十嵐裕佳，八田直美，エフィ・ルシアナ（2017）「インドネシア国家カリキュラム準拠高校教科書『にほんご☆キラキラ』の開発」『国際交流基金日本語教育紀要』13，pp.87-100.

文化体育観光部 HP，https://www.mcst.go.kr/japanese/koreaInfo/news/news
　　View.jsp?pSeq=65，2019 年 8 月 23 日閲覧.

法務省 HP：新たな外国人材受入れ（在留資格「特定技能」の創設等）http://
　　www.moj.go.jp/nyuukokukanri/kouhou/nyuukokukanri01_00127.html，
　　2019 年 8 月 23 日閲覧.

松井剛（2010）「ブームとしての『クール・ジャパン』ポップカルチャーをめ
　　ぐる中央官庁の政策競争——北米における日本のポップカルチャー——」
　　『一橋ビジネスレビュー』58（3），pp.86-101.

松本剛次（2014）「インドネシアの中等教育改革がめざす『能力（コンピテン
　　シー』とその育成)」『日本語教育』158，pp.97-111.

————（2016）「フィリピンの中等日本語教育の現状と課題　日本語の授業
　　を通しての『21 世紀型スキル』の育成とその実際」『リテラシーズ』18，
　　pp.56-73.

Yahoo ニュース，2019 年 7 月 2 日，https://headlines.yahoo.co.jp/hl?a=2019
　　0702-00000015-yonh-asent，2019 年 8 月 23 日閲覧.

山川智子（2010）「ゲーテ・インスティトゥートのドイツ語言語普及政策——
　　ヨーロッパ統合の文脈におけるドイツの対外文化教育政策から，日本が学
　　べること——」『科学／人間』39，関東学院大学工学部教養学会，pp.55-
　　69.

李尚波（2009）「孔子学院に関する研究」『桜美林大学紀要　日中言語文化（孔
　　子学院紀要合編)』第 7 号，pp.121-135.

聯合ニュース，2017 年 8 月 12 日，https://jp.yna.co.kr/view/AJP20170811
　　003600882，2019 年 8 月 23 日閲覧.

————，2017 年 12 月 18 日，https://news.livedoor.com/article/detail/1404
　　7091/，2019 年 8 月 23 日閲覧.

渡部由紀，金性希（2014）「グローバル化時代の国際教育交流プログラムの在
　　り方：韓国の 4 大学の事例から」『一橋大学国際教育センター紀要』5，
　　pp.113-126.

Section II

バイリンガリズム研究

──バイリンガルの言語使用・言語能力の
多様性を探る──

バイリンガル母子間における言語使用の変遷
——ミクロな観点からその軌跡を追う——

山本雅代

は じ め に

　これまで，筆者は，「異言語間家族[1]」（山本 2007）の言語使用の実態を，アンケート調査及び面談調査を通じて得たデータの分析から明らかにする実証研究を多く行ってきた（Yamamoto 2001; 2002; 2005; 2007; 山本 2013; 2018）．これら一連の研究から，異言語間家族の言語選択・使用には，「言語の威信性」が大きな影響要因として働いていることが示唆された．威信性との用語を用いてはいないが，カルヴェ（2000）も，世界の言語は重層的な組み込み構造の中に序列化されているとの論を展開しており，「言語は**二言語使用者（バイリンガル**話者）によってお互いに結びついており，バイリンガル・システムは力関係によって決定される」（p.30）として，言語間には威信性の差があり，その威信性の高低に応じた序列があることを指摘している．

　言語間に「威信性の高低」に応じた序列があることは，単なる研究上の理論や仮説としてではなく，筆者が調査の対象とした異言語間家族にあっても，現実のこととして，自覚されていることが，質問への回答や自由記述のコメントから伺い知ることができる．以下にその例をいくつか示す．

表 4-1　言語の組合せ（「日本語 – 英語」「日本語 – フィリピン諸語」）による評価の違い

日本の社会は……	日英家族	日フィ家族
バイリンガル・バイリンガリズムを「有益であると肯定的に評価している」	88.1%	97.1%
自グループの言語の組合せを「非常に/どちらかと言えば肯定的に評価している」	95.6%	48.1%

　調査項目への回答：日本語とフィリピン諸語が関わる家族のグループ（日フィ家族）と日本語と英語が関わる家族のグループ（日英家族）に対し，日本の社会はバイリンガル・バイリンガリズムというものをどのように評価していると考えるかと問うたところ，いずれのグループも大多数が「有益であると肯定的に評価していると考える」と回答しており，前者グループが97.1％，後者が88.1％であった．一方，自グループの言語の組合せ[2]に対する日本の社会的評価はどのようなものと考えるかとの質問では，日英家族の95.6％が「非常に/どちらかと言えば肯定的」と回答したのに対し，日フィ家族では同回答は僅か48.1％で，両者には極めて大きな隔たりがあった（山本 2013: 16）（表 4-1）．

上記の質問に関連した日フィ家族からの記述回答の一部（山本 2013: 16）：

・「英語はおぼえても役にたつけど他の言語はあまりつかわないから．」（家族 ID#2）

・「ビジネス上役に立つかどうかが基準となっており，またアメリカ・ヨーロッパを優位にみる傾向があるから．」（家族

ID#12)

・「英語が世界の共通語として通用するため.」（家族 ID#25）

・「国の経済力や差別意識.」（家族 ID#500-4）

　これまでの筆者の調査からは，異言語間家族の言語選択・使用に及ぼす影響要因について，マクロな観点から，説得力のある見解が得られたと考えているものの，これまでの調査方法では，対象家族の調査時点における，これが我が家の言語使用の形態であるという現状報告，いわば静止画像を得ることはできたが，現在進行形で刻々と生じている変化を捉え，その変化を追跡し，その変化を生起させている要因を見出そうとする，言わばミクロな観点からの調査には実に不向きな方法であった．異言語間家族の言語選択・使用の全体像を把握するためには，マクロ，ミクロの両面からの知見を総動員することが必要であることは言を俟たない．

1　ハワイ在住の異言語間家族の言語使用
──母娘の言語選択・使用の流動的軌跡
（2008 年度〜2018 年度縦断研究）──

　今回，科研費の助成により，長期的な研究を実施することが可能になったことを受けて，英語を主要言語とし，日本語を非優勢言語とする社会で暮らす異言語間家族の言語使用において，長期に亘りどのような変化が生じうるのか，過去と現在とで何がどのように変わったのかという変動の実態，すなわち変化の軌道を把握し，かつその変化を生起させた要因を見出す課題に取り組むこととした．

　具体的には，異言語間家族で育つ潜在的バイリンガルの子どもが，どのように2つの言語を使用し，かつ習得して行くのか，あるいはモノリンガル化していくのか，そこにどのような促進あるいは後退要因が関わっているのかを見出そうとすることであり，非優勢言語の立場にある日本語を母語とする母親と子どもとの会話をデータに，各言語の使用状況や発達の軌跡を長期にわたり追跡し，分析することであった．

（1）本研究の分析対象家族に関する言語的背景：英語と日本語

　本研究には，現時点まで継続して協力を仰いだ家族が2家族あるが，紙幅に制限のある本論文では，その内の1家族（以後，E家族）のみを分析対象とする．

　この家族は，ハワイ在住の両親（父親，母親）と子ども2人（兄，妹）の4人家族である．父親は本土出身のアメリカ人で，英語を母語とするモノリンガルであり，日本語を含め，他に使用する言語はない．よって父親が一緒の時には，家族は全員が英語のみを用いることになる．

　母親は日本出身で日本語を母語とするが，1995年からハワイ在住で，現時点で在ハワイ歴が23年にも及んでおり，英語が極めて流暢な，日本語－英語の産出バイリンガルである[3]．ハワイでは，日本語母語話者を多く顧客とする仕事に従事しているためか，社会人として遜色のない日本語を流暢に操り，その能力を維持している．それでも，この母親からは，会話データ採録（以後，データ採録）開始後3年目の段階で既に，「もっともっと日本語を話し，子供たちにも使ってもらいたいと思っているのに，なぜか自分でも知らない

うちに英語の方が多く出てくる今日この頃……．私もこちらに来て
もう 16 年半になります．アメリカ人に進化？変化？してしまった
ようです．英語の方が簡単に話せたり，説明しやすかったり，日本
語ではなんて言っていいかも分からないといった場面が増えてきま
した」〈2011.8.2〉[4] とのコメントがあり，最近も同様のコメントや，
「何も考えないとつい英語になっています」〈2017.11.17〉との陳述も
あることから，今後，母親自身の英語の使用が加速度的に増加し，
それに伴う日本語能力の減退の可能性もありうるが，現時点では，
筆者との談話やメールでのやり取りはすべて日本語で行っており，
そのような兆候は認められない．

　子ども達はいずれもハワイ生まれで，英語を第一言語としている．
母親によれば，日本語については，兄の方は，幼少の頃，周辺に日
本語を使う遊び友達が多くいたことから，流暢とまでは言えないが，
込み入った話でなければ，十分に意思疎通を図るに足る日本語能力
を発達させていたようである．ただ，長ずるに従い，日本語を話す
機会も減り，高校生になった現在では，ほぼ英語一辺倒という状況
にあるようである．

　一方，女児の方は，兄とは違い，幼少の頃，周りに日本語を使う
子どもがおらず，遊び友達を通して日本語に触れる機会はなかった
ようである．ただ，データ採録の時間も含めて，母親は，この女児
と過ごす時間内に，できるだけ多く日本語を話すべく，女児からは
日本語による返答がほとんど得られずとも，自らは日本語で話すよ
うにしていた様子である．そうした母親を介しての日本語の入力が
ある程度あったためか，女児の日本語の受容能力はそれなりに保持，
発達させることができていたようで，母親の述べていることで理解

できていることも少なからずある様子が，その受け答えから推察できる．女児は，2018年秋に中学2年生になったところである．

　兄も妹である女児も，ハワイでの生活環境の中では，普段，日本語を使う機会がないようで，数年前，母親は，子どもたちを連れて日本に遊びに行くにあたって，「子供達は日本語を忘れてしまって皆ん（ママ）と会話ができないかもしれないと心配しています」〈2015.6.1〉と語っていた．一方で，日本滞在を終え，ハワイへ戻る際には，「子供達の日本語は乏しいですが，兄は一生懸命おばあちゃんと話をしていました．女児も日本語で話したそうでしたが話すまではいかず，ただ誰かの言った言葉を真似ては笑わせてくれました．もう少し長くいられたらきっとあっという間に日本語が話せる様になる気がします．」〈2015.6.25〉とのコメントがあった．

　父親が日本語を解さないので，全員が一緒の場合には，英語のみになることはすでに記したが，そのことに関して，母親は次のように述べている．「今回もお兄ちゃんもいたし，パパも登場で英語ばかり．普段女児と2人だけのとき，私が日本語だけで話をすると，女児もたくさん日本語が出てくるんですけどね．」〈2011.8.30/31〉

　父親は，母親が子どもたちに日本語で話しかけることについて，反対することもなければ，協力することもなく，ただ静観という状況のようである．そのような父親ではあるが，子どもたちのバイリンガリズムに関連して，こんな会話を母親と交わしていることが，母親からのコメントに記されている．

　　今回の録音後，主人ともバイリンガルについて話をしたのですが，主人の1人の友人でフィリピン生まれで子供の時にアメ

リカに来たので英語とタガログ語の両方話せる人がいて，でも
やっぱり彼の弟は聞くのはよく分かっているけど全く話せない．
私の知り合いで日本のベースで育ったとしごの兄弟もお兄ちゃ
んはアクセントもないほど日本語を日本人と同じように話し，
もちろん英語も OK．でも弟は聞くのは分かるけど，話せない
人がいます．

　1 人目よりも 2 人目は英語を聞いたり話したりする量が多い
から英語オンリーになるのかといつも思っていましたが，私の
知り合いはとしごでほぼ同じ状況で両方の言葉に接してきたよ
うに思われるのですが，やっぱり弟は話はせない（ママ）．

　女児も分かっているけど使わない．もちろんお兄ちゃんも日
本語を自分から話す事も私の言っている事に日本語で返事をす
ることも殆どないのですが，話せない（話さない・使わない）理
由はきっと別なと事（ママ）にあるはずと主人とふたりではな
しました．　　　　　　　　　　　　　　　　　〈2011.8.30/31〉

　日本在住の母親の両親（祖父母）が揃って健在であった頃は，時
折，2 人揃って，孫たちの様子を見にハワイを訪ねて来たり，ネッ
ト上で話をしたり，逆に，母親が子どもたちを連れて，祖父母を訪
ねて日本に帰国したりと，比較的頻繁に往き来やネット上でのやり
取りをしていた．祖父が他界した後は，頻度は減ったものの，祖母
がハワイを訪ねてきたり，母親と子どもたちが日本に出かけたりと
往き来は続いているようであるが，日本語を使用する動因として働
くのは訪問した時・された時という一時的なもののようで，長期に
わたり持続する動因とはなっていないようである．

（2）研究課題

　本研究の課題は第 2 節の冒頭で述べた通りであるが，ハワイも英語を主要言語とするアメリカの一州ながら，これまでの日本とハワイとの関係を鑑みると，ハワイにおける日本語の位置づけは，本土におけるそれとは異なり，単純に優勢言語（英語）対非優勢言語（日本語）という二項対立の枠組みではうまく捉えられない関係にあるように思われる．そこで，まずは，その点も含めて，本研究課題に関して，2 つの重要な点に言及しておきたい．

　まず 1 点目は，上述の通り，ハワイにおける英語と日本語との関係は，単純に優勢言語 – 非優勢言語という枠組みでは捉えにくいという点である．

　「元年者」と呼ばれる「移民」の第一陣が 1868 年に，ハワイに渡って以来，多くの日本人が移民としてハワイに渡った．1900 年にハワイがアメリカの属領となった後，多くの日本人移民は，ホノルルのような都市に移り住むようになり，日本人町が出来ていったとされ，1940 年度の国勢調査では，ホノルル在の日系人人口は，ホノルル全体の約 1/3 を占める 6 万人[6]にも上ったとされる（飯田 2013）．アメリカ本土を中心とした，いわゆる黄禍論や排日の嵐が吹きまくった時代や，太平洋戦争中の日本による真珠湾攻撃など不幸な関係の続いた時代はあったが，日系二世から成る第 442 連隊戦闘団の勇敢な働きで，アメリカでの日系人に対する見方が好転するなどの時代的変遷を経て平和な時代に入って以降，毎年，日本からハワイに多くの観光客が押し寄せる状況[7]となるなど，ハワイと日本とは極めて良好な関係を築くに至っている．また，ハワイ在の日系人の社会的地位も高い．そうした背景の元，アメリカ合衆国の一州

として英語を主要言語としながらも，当地においては日本語が使用
できることが大きなメリットとなっている．こうした，他州ではな
かなか見られない日本語の社会的な特権的地位を勘案すると，ハワ
イ在住の，英語と日本語が関わる英－日異言語間家族の家族員間の
言語観は，マクロ的観点からのいわゆる，優勢言語と非優勢言語と
いう直截的な二極対立の関係では説明しえない，何か別の形態——
両言語が使用できるバイリンガリズムとして，通常典型的に見られ
る非優勢言語話者による優勢言語への言語移行と直結しない形態
——を見出しうる可能性を念頭に置きながら，分析を進める必要が
あろう．

　2点目は，マクロな観点からの言語使用に関する促進要因として
の威信性は，強力ではあるが，全てを統率する絶対的要因ではない．
単純な例をあげれば，どれほど英語が使用できることが威信性の高
いことだとわかっていても，たとえば，家族の中に，英語を使わな
い者がいれば，家庭での言語を英語にすることはできず，ただ英語
の威信性の高さだけをもって，家族全員を英語習得に向かわせる促
進要因とすることはできない．大きな枠組みとしては促進要因とし
ての働きをしても，ミクロな観点にたてば，個別事情が優先される，
ないしは個別事情が何らかの影響を及ぼすことになりうる．

　すなわち，異言語間家族の言語の使用を語るには，単にマクロな
観点だけを考慮すればよいというわけではなく，ミクロな観点から
の考察も当然ながら必要であり，その両者のせめぎ合いの中に，現
実があるのだろうと思われる．よって，ここでは，ミクロな観点に
立った分析，考察を中心に進めていく必要があることを明記してお
きたい．具体的には，家族の言語使用における変化，とりわけ，主

要言語ではない方の言語，すなわち日本語の使用や，習得の状況はどのようなものなのか，その発達状況・使用状況を長期にわたり追跡し，その使用や発達の状況に何か変化が生じているようであれば，その変化の軌道を明らかにし，何が変化を促したのか，変化を生起させた動因を見出すことである．

（3）研究方法——データ収集とミクロ的観点からの分析——

　この研究は既述の通り長期に亘る縦断研究であり，原則，毎月，母親と女児（研究開始当初には，不定期に数回，女児の兄が加わることもあった）との間で30分〜40分程度，その場その時に応じた話題で展開される発話をICレコーダーで採録したものをデータとして，研究課題について分析を行うという研究方法を採択している．ハワイにあって，日本語を使用する必要がある職に就いている母親は，普段から日本語を使う機会は多いものの，家庭にあっては，日本語がわからない父親が同席している時には，家族は皆，英語を使用する必要があり，英語の使用機会が多い状況にある．しかし，母親は女児にできるだけ日本語を使う機会を与えたいと望んでおり，この母親と女児の対話の時間には，自ら日本語を使うよう心がけ，女児にも日本語で対応することを促す場面が多い．そのような環境下でのデータ採取であることから，そこで採取されるのは，自らを励まし，日本語を用いようとする意識，あるいは女児に日本語を使用することを促そうとする意識の働いている中での，母親の意図的な言語選択・使用が形になったものと言える．

　しかしながら，母親の言語使用は，現実に，そうした意図，意識に従って行われていると判断できるようなものなのか，また女児も，

母親の意図，意識に与した言語使用を行っているのか，もしそうでないとするならば，何か別の要因がそこに関わっているのか，関わっているのなら，それはどのようなものなのか．あるいは，それが時間の経過に伴う変化として表出されているものなら，その変化の軌跡はどのようなものなのかなど，マクロ的観点からは拾いにくい，個別事情の詳細な部分をミクロ的観点から分析する必要がある．

②　分　析

　図 4-1 は E 家族の母親（母語の日本語と第二言語の英語の流暢な産出バイリンガル）と女児（ハワイ生まれの，現時点では，英語が圧倒的に優勢ながら，日本語を理解する能力をある程度保持する英語‐日本語の「受容」バイリンガル）の対話時に使用する言語の経年変化（約 6 カ月ごとの言語使用の軌跡）示したものである．

　このグラフをみて，すぐに気づくのは，グラフの色の濃淡や模様が，第 1 回目（最下）から 100 回目（最上）に向かって，大きく変化していることである．回ごとに母親と女児の間での会話のテーマや話の内容が異なり，それが使用言語の違いとして現れることも当然考えられるため，そうした可能性も念頭に置き，他のデータや母親のメモなどの情報にも依拠しながら，注意深く使用言語の変化の軌跡を追うと，以下の 3 つの特徴的な点に気づく．

　　① 採録開始当初，母親と女児の間では，Ⅳ（J‐E）[8] に次いで，Ⅱ（J）が主要な言語使用形態であり，Ⅰ（E）は皆無であったが，2 回目以降，増減はあるもののⅠ（E）の使用が観察さ

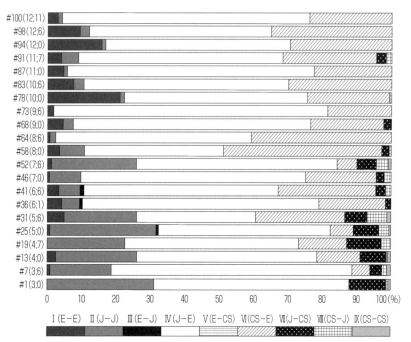

図 4-1　E 家族 10 年間の言語使用パターン（母親 - 女児）の推移：約 6 カ月ごと

グラフ Y 線上にある ＃番号で示されているのは、録音第 X 回目ということであり、（　）内の数字は、録音時の女児の年齢を示している。（　）内の "：" の前部に記載された数字は年齢を、後部の数字は月齢を示している。すなわち、（3；0）は 3 歳 0 カ月の意である。よってグラフでは、下から上に向かって、当該女児の年齢が上がっていることが示されており、6 カ月前後毎の母親と女児との間での言語使用における経年変化が読み取れる。なお、凡例に示された "E" はEnglish（英語）を、"J" は Japanese（日本語）を、"CS" は Code-switching（コードスイッチング）、すなわち "E" と "J" を切り替えて、使用していることを示している。また凡例の（　）内の "J" や "E" は誰がその言語を使用しているかを示し、左側は「母親」が、右側は「女児」が、そこに示された言語を使用していることを示している。すなわち、Ⅰ：母親と女児の両者が英語のみを使用、Ⅱ：母親と女児の両者が日本語のみを使用、Ⅲ：母親が英語－女児が日本語、Ⅳ：母親が日本語－女児が英語、Ⅴ：母親が英語－女児が日英を切替、Ⅵ：母親が日英を切替－女児が英語、Ⅶ：母親が日本語－女児が日英を切替、Ⅷ：母親が日英を切替－女児が日本語、Ⅸ：母親と女児の両者が日英を切替であることを示す。たとえば、グラフの一番下に示されているのは、第 1 回目、すなわち当該の女児が 3 歳 0 カ月の時に採録した録音データを分析した結果を示しており、棒グラフの最初の部分「Ⅱ（J－J）」は母親と女児の両者が日本語を用いて対話していることを表し、そしてそれが、この回の録音全体の 30％強を占めることを示している。その右側には白色の棒グラフが続いているが、これは母親が日本語を、女児が英語を用いていることを示し、この回の録音全体の 60％弱を占めていることを示している。なお、言語のやり取りにおける使用言語を判定する際の単位は、両者間の対話の隣接ペア（Schegloff 2007；サックス他 2010）を基本としている。

出所）筆者作成。

れるようになった．女児の年齢が上がるのに伴いⅡ（J）が徐々に縮小する一方，５歳半ばを越える頃になると，増減はあるものの，Ⅰ（E）が常態として使われ始め，その後８〜９歳を境にⅡ（J）が大幅に減退すると，相変わらず増減はあるものの，Ⅰ（E）がそれに取って代ったかのような様相を見せていること．

② 採録開始当初には，全体の中でそれほど大きな比率を占めていたわけではないが，比較的安定した頻度で使用されていたⅦ（J–CS）が，女児が６歳を越える頃から，その使用の頻度が大幅に縮小し，７歳半ばに１度増加したものの，その後はまた縮小し，使用されない回も目立って増え，採録の最終段階では皆無になっていること．

③ 採録開始時点では使用されていなかった，そしてその後，徐々に増加したものの，全体的な比率としてはそれほど大きくはなかったⅥ（CS–E）が，やはり女児が８歳になる頃を境に大幅に増加し，その後，小刻みに増減を繰り返しながらも，明らかに安定して使用されていること．

③ 考察と結論
──長期縦断研究で見えてきた
言語使用における変化の軌跡──

　上記①〜③を言語使用の経年変化という観点から読み解くと，録音データ採録の10年間という期間に次のような変化が進行したと捉えられそうである．データのより詳細な分析にはさらに時間を

要すため，ここでは暫定的な考察となるが，言語使用に認められる特徴から，全期を3期（第1期：3；0-5；6／第2期：6；1-7；6／第3期：8；0-12；11）に分けて見ていく．

　第1期：女児がまだ就学前の幼児であった第1期には，母娘共々相互に比較的高率で日本語（英語との併用 CS という形 VII も含めて）を使用していた．たとえ日常生活において，英語の使用が多かったとしても，録音に際して母親と女児の会話の中に日本語が出てくることから，英語のみに特化された言語状況になってはいないことを示すものと理解できよう．録音データの分析や母親によるメモなどから，それには，少なくとも3つの背景があると考えられる。1つには，日本語の使用と言っても，対象の女児は，当時，まだ年齢が低く，用いる日本語も，具体的な事物に対する呼称，すなわち単語レベルのものや定型のものが中心であり[9]（山本 2012），使い易く，理解しやすかったこと；2つには，当時，子どもたちの祖父母が健在で，祖父母がハワイを訪れる，母親が子どもたちを連れて日本に祖父母を訪ねるといったように，日本語の環境に身を置くことが比較的頻繁にあったこと；3つには，「普段，私や私の親，友達，いろいろな人達が日本語で話をしているのを聞いていて，人が何を言っているのか分からないという状況にそれほど不安を感じないというか，当たり前にその状況のなかにいられる？」〈2012.6.12〉と母親がコメントしているように，女児は，（少なくとも幼かった頃には）自分が理解できないことに対してさほどの不安や抵抗感を覚えない性格のようであったことなどが背景にあったためと推察される．ただ，それまで家庭で母親と過ごす時間が長かったこの女児も5歳になり，キンダーガーテン[10]に入園したことから，英語話者であるキンダーの

先生方や同年齢の子どもたちと過ごす時間も増え，入園後半年を過ぎた頃には母親との対話においても，Ⅰ（E）やⅥ（CS-E）が大きく増加し，以前と比較して英語の使用が増えてきた様子がグラフから伺える．また，母親にあっても，Ⅱ（J）について比較的大きな減少が見られたり，Ⅵ（CS-E）のようにCSという言語の使用の仕方に便乗した形で，英語の使用が増加していることも指摘しておきたい．

　第2期：さらに第2期となる翌年の6月からは小学校に進級し，さらに英語との接触と使用の必要性が増え，母親との対話における女児の英語使用が衰える様子はない．例外として，女児が7歳6カ月に入った時期（具体的には10月11日に採録された）#52の録音データには日本語が多く採録されているが，データに添えられた母親のコメントによれば，これは日本訪問中に採録されたものとのことで，母親と女児の間では，Ⅳが盛んであったものの，同時に日本語使用Ⅱも非常に活発であったが，それも宜なるかなである．また母親は，日本訪問中，女児の発話に新たな日本語が含まれていたり，日本語に対する驚くほどの理解力を示したりと，思いがけない女児の日本語使用状況だったことを報告している．女児が，自分の周辺をとりまく言語環境の影響を大きく受けることを示唆するものであった．徐々に進んでいる英語モノリンガル化への移行の最中に観察された，日本語環境下での日本語への一時的，回帰現象と見ることもできそうである．母親にとっては，「援軍来たり」の思いであったのではなかろうか．

　第3期：8歳以降の第3期に入る頃には，母親と女児との対話における使用言語が，日本語から英語を中心としたものに移行してい

ることが明白になった．ここでは，女児の側の日本語からの英語への移行というよりも——それはすでに第1期のキンダーに入園した頃より徐々に進行していたことであり，新たな展開があったわけではない——むしろ母親のそれが徐々に顕著になり始めたということと捉える必要があろう．注目に値する．

ここで，少し，母親の言語使用を見てみたい．

母親は，IV で見られるように，これまでと同様に，女児が英語を用いていても，自身は日本語で話をしていることが多いが，女児の日本語使用がキンダー入園後から目立って減退するようになると（ただし，前述の日本訪問時に採録された＃52は例外），自身も徐々に，英語のみを使用するようになったり，第1期から用いられていた形態ながら，日本語とのCSという形態で英語を用いる場面が増加したことには傾注すべきであろう．

子どもの日本語使用については，一見すると，子どもが，入園や入学という通過儀礼を経験することにより，英語の使用が当然視される社会の成員として，英語を使用することに強く傾斜していき，それがために日本語を使用しなくなったと見ることができるが，母親の言語使用についても注意深く見ていくと，実は，子どもだけが日本語から英語に傾斜したわけではなく，母親についても同様の傾斜が見られることに気づく．このあたりのようすは，母親の次のようなコメントによっても察することができる．「確かに忙しさにかまけて，子どもと接する時間が日増しに減っているのは事実です．私の日本語での話しかけも日々減ってきているのに気づかされます．日本語で何かを説明したり，質問したりすると嫌がります．分からないから英語で話してほしいと言われてしまいます．」〈2013.2.9〉

　筆者は第2節で，ハワイにおける日本語の社会的な特権的地位を勘案すると，ハワイ在住の英-日異言語間家族の言語観は，マクロ的観点からのいわゆる，優勢言語と非優勢言語という単純な二極対立の関係というよりも，両言語が使用できるバイリンガリズムとなり，通常典型的に生じる非優勢言語話者による優勢言語への言語移行と直結しない形態を見出しうるのではないかと述べた．がしかし，10年に及ぶ言語使用の軌跡を吟味すれば，移行が確実に進行しているのは明白な事実であることがわかる．すなわち，マクロ的観点のみでは拾えない何らかの要因が，言語を実際に使っている人々にかかるミクロレベルでの諸事情の中にあって，それが影響を及ぼしていると考える必要がありそうである．

　上記の通り，現時点では，暫定的な考察にならざるを得ないものの，上述のようにすでにミクロレベルにおける諸事情の候補については何点か，言及済みである．たとえば，

　　・母親自身の英語への移行状況に伴う自身の日本語能力の低下
　　　に対する不安感
　　・女児の日本語との接触機会の量質的変動：ハワイにおける日
　　　常的生活環境での日本語との接触と日本訪問という非日常的
　　　生活環境での日本語との接触
　　・長期的持続が困難な日本語との一時的（一過性の）接触
　　・家庭内における英語モノリンガルの存在とそれによる言語使
　　　用の制限
　　・女児が，分からないとして，母親に日本語で話しかけられる
　　　のをいやがり，理解できる英語で話すことを要求

　本研究は，ケーススタディのため，研究成果の一般性を主張することは難しいものの，異言語間家族における言語の使用に関して，マクロ的観点のみならず，これまでまだ十分に研究が進められていないミクロ的観点の両観点から複合的に研究を進めていく必要性と重要性を示し，ミクロ的な影響要因となりうるいくつかの事例を呈示した．今後，更なる分析を進めていく必要がある．

謝　辞

　まずは，本研究に関心を示して下さり，熱心に研究にご協力戴きましたご家族の皆様方に，心よりのお礼を申し上げます．とりわけ，10年という長期間，100本にも及ぶ録音データを月々採録戴き，また年に2度の面談にも快く応じて下さったEさん，Lさんのご家族に，心からお礼を申し上げます．両ご家族の熱心なご協力がなければ，本研究の遂行は不可能でした．また，ご協力を申し出て下さったのにもかかわらず，種々の事情でご協力の継続ができなくなってしまった他のご家族の皆様方にも，短い期間ながら，熱心なご協力を戴きまして，改めまして，ご協力のお礼を申し上げます．皆様方のご協力がなければ，なしえない研究であり，得ることのできない研究成果でした．

　また本研究が遂行できましたのは，延長期間を含め10年にもわたり科学研究費（平成21年度〜平成23年度「基盤研究C　課題番号21520421」，平成24年度〜平成26年度＋延長平成27年度「基盤研究C（一般）課題番号24520594」，平成27年度〜平成29年度＋延長平成30年度「基盤研究C（一般）課題番号15K02543」）による助成があってのことであり，改めて感謝の意を表したいと思います．

注

1）「異言語間家族」（＝interlingual families）とは，「複数の言語と関わりのある家族」のことを指す（山本 2007）
2）ここで言う「自グループの言語の組合せ」とは，日英家族では日本語と英語の，日フィ家族では日本語とフィリピン諸語の組合せを示す．
3）「産出バイリンガル」（＝productive bilingual）とは，「両方の言語において，産出（話す，書く）能力も受容（聞く，読む）能力も備えているバイリ

ンガルを指す」（山本　2014: 12）.

4)〈　〉で囲まれた年月日は，その直前に引用記載された母親のコメントが
　メールで送信ないしは直接の聞き取りを実施した年月日を示している.

5) 直接引用ながら，個人名が記された箇所は，プライバシー保護のため，す
　べて血縁関係を表す呼称に置き換えている（但し，女児については女児と記
　載）. 他の直接引用箇所についても同様.

6) 2010 年実施の米国国勢調査（US. Census Bureau 2010）によれば，ハワ
　イ州の全人口は 136 万 301 名で，人口を人種（民族）で区分した時，単一人
　種であるとする者が全体の 76.4％を占め，そのうちの最大人種グループが
　アジア人種（38.6％）であり，国籍別に見ると，最も多いのが 14.5％のフィ
　リピン人，続いて多いのが日本人の 13.6％である.

7) たとえば, State of Hawaii: Department of Business, Economic Development
　& Tourism（2020）の空路によるハワイ来訪者の統計によれば，2019P 年度
　（＝2019 年度予備データ）3 月における日本からの来訪者数は 133,865 名で
　あり，アメリカ本土からの来訪者数は 621,474 名（西部側からの来訪者数
　399,580 名＋東部側からの来訪者数 221,894 名）で，アメリカ本土に次ぐ，
　第 3 位に位置している. ちなみに，2020P 年度は，新型コロナウイルスの蔓
　延による影響のためか，2019P 年度 3 月のデータと比較すると，来訪者が激
　減しており，同 3 月の空路によるハワイ来訪者の統計によれば，アメリカ本
　土からの来訪者数は西部側・東部側合計 320,988 名と前年 2019P 年度 3 月の
　半数程度にとどまっており，日本からの来訪者数はさらに少なく，わずか
　45,332 名，前年 2019 年 3 月のほぼ 1/3 となっている.

8) 凡例は図 4-1 にあるので，それを参照のこと.

9) 3 カ月毎の採録のデータ 15 本について，CS という形態で使用された日本
　語の分析によれば，基盤言語が英語で，埋め込み言語が日本語である CS59
　件のうち，名詞が 23 件（39.0％），固有名詞が 9 件（15.3％），形容詞およ
　び指示代名詞が共に 7 件（11.9％）であった.

10)「キンダーガーテン」とは，小学校に入る前の，いわゆる幼稚園に該当す
　るもの. 以後,「キンダー」.

参考文献

Hawaiʻi Tourism Authority （2020）. Visitor Statistics, Monthly Visitor
　Statistics, March, 2020-Preliminary.

Schegloff. E. A.（2007）. *Sequence Organization in Interaction: A primer in conversation analysis*（Vol.1）. Cambridge: CUP.

US. Census Bureau（2010）. American FactFinder. *Census*. Retrieved August 3, 2018, from https://factfinder.census.gov/faces/tableservices/jsf/pages/productview.xhtml?src=CF.

Yamamoto, M.（2001）. *Language use in interlingual families: A Japanese-English sociolinguistic study*. Clevedon, UK: Multilingual Matters.

―――――（2002）Language use in families with parents of different native languages: An investigation of Japanese-non-English and Japanese-English families. *Journal of Multilingual and Multicultural Development*, *23*(6), 531-554.

―――――（2005）What makes who choose what languages to whom?: Language use in Japanese-Filipino Interlingual families in Japan. *International Journal of Bilingual Education and Bilingualism*, *8*(6), 588-606.

―――――（2007）A comparative study of language use in English-Japanese and Japanese-Japanese families in Hawai'i. Paper presented at *the 6th Annual Hawaii International Conference of Social Sciences*（Waikiki: Hi, USA）.

飯田耕二郎（2013）『ホノルル日系人の歴史地理』. 京都：ナカニシヤ出版.

カルヴェ，ルイ゠ジャン（2000）「言語生態学の重層的〈中心 – 周辺〉モデル」（西山教行訳），三浦信孝・糟谷啓介（編）『言語帝国主義とは何か』（pp. 27-38）. 東京：藤原書店.

サックス，H., シェグロフ，E. A., ジェファソン，G.（2010）『会話分析基本論集：順番交替と修復の組織』西阪卯（訳）. 京都：世界思想社.

山本雅代（2007）「複数の言語と文化が交叉するところ：『異言語間家族学』への一考察」, 『異文化間教育』第 26 号，pp.2-13（異文化間教育学会）.

―――――（2012）「同時バイリンガル幼児の言語発達研究」『科学研究費助成事業（科学研究費補助金）研究成果報告書』（基盤研究（C）課題番号 21520421）.

―――――（2013）「『日本語 – フィリピン諸語』異言語間家族の言語使用状況：『言語の威信性』を枠組みに」. 『国際学研究』第 2 巻 1 号，pp.9-19.

―――――（2014）「第 1 章　バイリンガリズム・バイリンガルとは」（pp.

3-19)．山本雅代（編著）『バイリンガリズム入門』．東京：大修館書店.

―――（2018）『音声言語と手話言語のバイリンガリズム』．口頭発表「関西学院大学　手話言語研究センター　中間研究報告会」（関西学院大学，大阪梅田キャンパス，2018 年 3 月 17 日）.

森（三品）聡美

Chapter
5
バイリンガル児童のナラティヴ
——二言語の併存から見えてくるもの——

は じ め に

　幼少期から二言語環境で育つ子ども達においては，ある程度継続的に両言語を使用する機会が一定以上に保たれた場合，いずれの言語についても産出能力が発達し続けると言われている（Pearson 2008; Taura & Taura 2012）．このような子ども達の言語習得の研究は，初期の言語発達に関するものに集中しており（De Houwer 2005 参照），必然的に日常的な家族とのインターアクションに基づくものが多い．学童期へと進み，より高度な言語能力を付けていく過程については，就学と同時に多くの子ども達が社会的主流言語のモノリンガル環境に置かれることもあり，さほど進んでいないのが現状である．

　そこで本章では学童期に入ってから発達を続けると言われている「ナラティヴ」に焦点を当てる．時系列に沿った一連の出来事を語るナラティヴは，統語や語彙力に加え談話の結束性等高度な言語，認知能力を必要とする言語活動である（Berman 2009）．読み書き能力とも深く関係し，こどもの言語，認知発達を映し出す指標としても用いられてきているが，これまでの研究の多くはモノリンガル児対象の研究であり，バイリンガル児の両言語を対象としたものはいまだ少数である．本章では，モノリンガル児のナラティヴとの比較

を通し，二言語使用者固有の（モノリンガルは経験しない）メカニズム
である言語間の影響や二言語処理に起因する，独自の言語使用が見
られることを示す．

 ## 1　出来事を「語る」言語能力とその発達

（1）ナラティヴとは

　我々は日常的に自分に起きたことや見聞きした出来事について
「語る」という言語活動を行っている．日常的な会話の中に埋め込
まれた印象的な出来事等についての「語り」や，インタビュー等で
引き出す「体験談」，あるいは映画や絵本等の内容を「再現」する
ような場合も「語り」ととらえることができる．このように，いく
つかの論理的な関係性のある過去の出来事が実際に起きた順序で並
べられた発話をナラティヴという．

　ストーリーを聞き手に伝えるべく語ることは言語能力の根幹をな
し，重要なコミュニケーション能力である（Ervin-Tripp & Kuntay
1997; Labov 1972）．また，ナラティヴはあらゆる能力の統合を必要
とする複雑な言語活動と捉えることもできる．語彙や統語規則はも
ちろんのこと，時系列にそって出来事を並べるための時の概念と認
知能力，情報の流れ，情報構造を的確に操作し聞き手にわかりやす
いような形にして提供する力，そしてそれを可能とするための談話
の結束性を表す各種言語構造（接続詞，指示表現等）を習得している
必要がある（Berman 2009; Nakamura 1993）．特に情報構造の操作（新
旧情報を的確に判断し，表現，提示することなど）は聞き手の理解を推し
量る能力が必要であり，一般的に自己を中心にそえたインターアク

ションに従事する幼少期の子ども達の語りは聞き手への配慮が欠く
ことが多いとされる（Nakamura 1993）．このようなことから，子ど
もの言語，認知発達の一つの指標として使用されることもある
（e.g. Bamberg 1997; Iluz-Cohen &Walters 2012）．

　また，出来事をどのような角度からとらえ，何を強調し，出来事
と出来事との関係をどのように表していくのか，については各言語
の文化背景や言語構造そのものと密接な関係があると言われており
（Minami 2011），話者の言語，文化背景が反映されることも重要な点
である．

（2）ナラティヴの発達

　こどもの言語発達においては，4歳前後から初期的な語りが見ら
れるようになると言われているが（Berman 2009; Nakamura 1993），初
めは出来事をいくつか並べるだけの初歩的なものであり，結束性や
物語構造などはリテラシーの発達と共に時間をかけて発達していく
（Karmiloff-Smith 1985, Verhoeven & Stromqvist 2001）．

　語りの各側面によってもその発達のスピードは異なる．例えば，
指示詞の使用とトピック維持において，話し手は出来事の内容を明
確に聞き手に伝えるために各指示対象の情報性——どの程度その情
報が聞き手の脳裏に残っているか——を的確に判断し，適切な指示
語を選択しながら語る必要がある．これまでの研究によれば，トピ
ックの維持は比較的早い段階で習得されるのに対し，導入や再導入
は後発であり，成人同様の使い方にたどりつくまで少し時間を要す
という（Hickmann, Hendriks, Roland & Liang 1996）．新しい指示物や登
場人物を導入したり，いったん別の指示対象について話した後に元

の指示物を再導入する際には，聞き手が各項の情報性をどう見ているかを推測した上で指示語を選択する必要がある．この「聞き手の理解の推測」は認知的により高度な活動であるために9歳前後以降にならないと適切な言語使用にならないと考えられている．例えば，英語，ドイツ語，フランス語，中国語を話す子ども達を扱ったHickman et al (1996) の研究では，トピック導入においては10歳前後になるまで本来の不定冠詞利用は安定的に使用しない一方，トピック維持については4歳前後から観察されると報告している．また，日本語話者のナラティヴを分析したNakamura (1993) は，3〜4歳の時点においては新情報を示す助詞「が」よりも旧情報を示す「は」の使用が多いとしている[1]．

　出来事間の連結方法にも幼少期から学童期にかけてゆるやかな変化がみられる．最も初歩手的な段階においては，出来事を時系列に沿ってand, then 等でつなげていく傾向が強いが，年齢が高くなるにつれてより因果関係を示すつなぎ方が増えていくことが報告されている (Berman & Slobin 1994; 宮田・稲葉 2014; 櫻井 2014)．例えば櫻井 (2014) は，日本語話者と英語話者の3，5，9歳児の語りを事態把握 (池上 1981) の枠組みで分析を行い，3歳児においてはいずれの言語においても時系列に注目する傾向にあると主張している．前述のように事態把握の枠組においては，日本語は各出来事 (事態) の生成そのものに注目する一方，英語では状態の変化と他動性，因果関係により注目するという違いが指摘されているが，櫻井の分析では3歳の段階においてはいずれの言語話者も出来事を時間の流れに沿って報告する一方，5歳以降になると各言語の事態把握の特徴がみられるようになると分析している．各言語固有の表現がみられ

るようになるのが5歳以降であるのは，認知発達やリテラシー教育
との関係が推測されよう．

　このように，ナラティヴにおいては殊に聞き手の視点を考慮に入
れた言語使用が内容を伝える意味で重要な役割を果たしており，幼
児期から学童期にかけての認知発達に伴いゆるやかに習得されてい
くことがわかる．また，言語，文化固有の特徴についても一定の年
齢以上になってからみられるようになる．

② バイリンガル児のナラティヴ研究

　ここまで一言語話者のナラティヴの発達についてみてきたが，二
言語話者のナラティヴとその発達にはどのような特徴があるだろう
か．まずはバイリンガルの言語能力のとらえ方についての考え方を
整理した上で，前節でみてきた指示表現とトピック維持，出来事の
連結に注目し，バイリンガルの語りにみられる特徴を見出していく．
なお，ここでいうバイリンガルは，比較的早い段階から二言語環境
にあり，日常的に両言語を使用している子ども達をさす．具体的に
は，生後間もない頃から二言語を聞いて育った同時バイリンガル，
ならびに就学前後から二つ目の言語を使用する環境に置かれた早期
継続バイリンガルである．

（1）バイリンガル児の言語能力のとらえ方とナラティヴ研究

　1990年代前後以降の同時バイリンガルの言語発達研究において
は，発達の初期段階から各言語の音韻ならびに統語規則に基づく発
話が見られ，各言語が別々に発達することが数多くの研究で，かつ

様々な組み合わせの言語で報告されている（De Houwer 2005; Genesee 1989 等）．さらに近年の研究では，別々に発達する中でも，一定の条件下において相互間で影響し合うことが数多くの研究で示されており（Mishina-Mori 2020; Muller & Hulk 2001; Paradis & Navarro 2003 等），各言語がモノリンガルと同様に発達する，という見方から，別々のシステムが一部影響し合うことで独自の言語体系を作り出しているという見方へと変遷してきている．このようなバイリンガルの二言語発達についての見方の流れはバイリンガルのナラティヴ研究においてもみられる．

　二言語話者が各言語でナラティヴを語るためには，語彙，文法能力のみならず，文や節間の結束性を表す言語形式——指示表現や接続表現等——を習得している必要があるが，言語によってその方法，スタイルは異なる．従って，バイリンガルの場合は各言語固有の出来事のつなぎ方や話の構成方法を身に着け，使い分ける必要がある（De Houwer 2009）．

　上記を踏まえると，各言語固有の結束性表現や物語の構成をもってナラティヴを語るか否かはバイリンガルのナラティヴ研究の重要な問いであり，学童期のバイリンガル児のナラティヴが各言語の特徴を帯びているか，即ち 2 つの仕組みを区別しているかという点に注目した研究が行われてきている（e.g. Dart 1992; Fiestas & Pena 2004; Minami 2011）．Minami（2011）はアメリカ在住の 40 人の日英均衡バイリンガルの子ども達（8 -13 歳）を対象に文字のない絵本を用いて各言語での語りを引き出し，グローバル（物語構造等）な視点，ローカルな視点（結束性表現等）両視点から詳細に分析を行った結果，子ども達はいずれの言語においてもその言語固有の規則に則り語るこ

とができると報告している.

　しかし,例えば Minami の研究では,モノリンガルの発話との違いの有無やバイリンガル固有の言語システムについての追求はなされていない.例えば,日本語のトピック維持については主に省略が用いられ,英語においては主に代名詞を使用している,という傾向については成人規範と同様であっても,その省略や代名詞使用の頻度についても同等なのか,といった点がバイリンガルの言語使用の特徴を探る上で欠かせない視点であろう.前述のように,二言語話者には必ず二言語を使用しているゆえに生じる言語間の影響や二言語処理を行うことによる言語構造への影響があることが想定されるからである.

　近年,バイリンガルはモノリンガル 2 人分ではなく,2 つで 1 つの言語システムを創り上げるという見方(Grosjean 2010)が広がりを見せる中,モノリンガル話者との比較を通し,各言語固有の表現形式を確認する一方,バイリンガル固有の特徴についても主張する研究が近年増えつつある(Chen & Lei 2012; Serratrice 2007 等).以下,指示表現と接続表現において具体的な研究結果について紹介する.

(2) 指示表現とトピック維持

Minami(2011)では,日英バイリンガル児童の各言語における指示表現の利用を分析した結果,それぞれの言語のルールを順守したトピック維持ストラテジーを用いていると結論付けている.日本語の成人ナラティヴでは,指示対象の導入には〈名詞 +「が」〉,既出事項の再導入については〈名詞 +「は」〉,そしてトピック維持は項の省略により表現される.一方,英語では,導入では〈不定冠詞 a

＋名詞〉，再導入では〈定冠詞 the ＋名詞〉そしてトピック維持については〈代名詞〉が主に使用される．Minami（2011）はバイリンガル児の各言語のナラティヴがおおよそ上記の通りであったことから，各言語固有の規則にのっとってナラティヴを語ると主張している．

　しかし，近年のモノリンガルとの比較研究から，各言語固有の規則は習得されつつある一方，言語間相互作用等による影響から，バイリンガル固有の特徴があることも判明しつつある．Chen & Lei（2012）ではアメリカ在住の 9 歳の英中バイリンガル児 30 人のナラティヴにおける指示表現の使用を各言語モノリンガルのそれと比較した結果，中国語，英語各言語固有のルールを守る一方，モノリンガルと明らかに異なる特徴も見られるとしている．例えば，中国語におけるトピックの再導入ではモノリンガルよりも定冠詞＋名詞が多く（バイリンガル 79.9％，モノリンガル 69.2％）省略が少ないことを報告しており，バイリンガルは独自のルールをもつと主張している．Mishina-Mori et al（2018）における 8 歳から 12 歳の日英同時バイリンガル児 7 人のナラティヴにおける指示表現の研究においても，日本語のトピック再導入の際にモノリンガルに比べ名詞句を多用し（バイリンガル 77％，モノリンガル 62％），省略は少ないことから，英語からの転移があるとしており，Chen & Lei（2012）同様，一部言語間の影響がみられることが報告されている．更に，英語の再導入コンテクストでは，バイリンガル児はモノリンガル児に比べて代名詞を多用する傾向があることが報告されている（バイリンガル 30.9％，モノリンガル 18.5％）．トピック再導入において指示対象を代名詞で表すのはより年齢の低い子ども達に見られる傾向であるという指摘

がある一方（Hickmann 2003），指示物を限定しない傾向にある日本語の概念が影響している可能性もあると考えられる．つまり，バイリンガルのトピック維持についてはモノリンガルとは一部異なる傾向があることを示唆している．

このように，モノリンガル児のデータとの比較を行った上記の研究から，指示表現の利用には各言語モノリンガル話者と相違箇所が一部あり，二言語話者の指示表現は独自の規則性を持つことが明らかになりつつある．

（3）連結表現と出来事のつなぎ方

ナラティヴにおいて，出来事間をどのように結び付けていくかについては，各言語，文化固有の事象のとらえ方である事態把握（池上 1981），あるいはその言語が使用される社会・文化に埋め込まれた規範としての言語使用のパターン（Ochs 1986）が現れる言語項目でもあることから，バイリンガルが同じ出来事について，それぞれの言語でどのように捉え，どのようにつないでいくのかについては関心が集まるところである．

Minami（2011）においても連結表現の分析を行っているが，バイリンガル児の日本語ではどちらかといえば「〜て」「そして」などの時を表す接続表現を用い，時系列にそって出来事を起きた順に並べていく傾向があるのに対し，英語の語りにおいては同じ出来事の描写であっても，動作とその因果性に注目し，「because〜」等の理由を示す接続詞を多く使用することを示している．Minami（2011）は社会文化理論に則り，因果関係に重きを置く英語の語りはより明示的である一方，時系列に沿ってストーリーを展開する日本語の語

りはより曖昧性があるとし，日英バイリンガル児のナラテイヴにおいては，同じ現象でも言語によって描写のされ方，動作と動作の連結方法が異なることを示すと同時に，それぞれが文化的に埋め込まれた表現形式が見られると報告している．

　Mishina-Mori, Nakano, & Yujobo（2019）は小規模ではあるが日本在住の日英バイリンガル生徒5人（12-15歳）から文字のない絵本に基づくナラティヴを収集し，接続詞の使用を各言語のモノリンガルと比較すると同時に長期的なデータ分析を行い，経年変化を見ている．Minami（2011）と同様に，バイリンガル児の英語においては日本語よりも因果性を表す接続詞の使用が多く見られたが（英語26.9%，日本語17.6%），各言語のモノリンガルとの比較の結果，バイリンガル児の日本語ナラティヴにはモノリンガル児と比べ因果性の接続詞の使用が際立って多く（バイリンガル17.6%，モノリンガル0.9%），英語における事態把握，出来事の連結スタイルが日本語に影響を与えていると解釈できる．さらに2年ほど間隔をあけて経年変化を分析したところ，英語では因果の接続詞が減少する一方（26.9% → 22%），日本語においては増加し（17.6% → 20%），結果両言語間にさほど差がなくなっていくことが報告されている．このことから，言語間の影響，バイリンガル固有の言語使用と発達過程があることが推測される．

　このように，バイリンガル児と各言語のモノリンガル児のナラティヴにおける各種言語形式を詳細に比較すると，必ず言語間の影響等，二言語使用により生ずるものがみられることがわかる．

③ バイリンガルの言語使用に見られる固有性への理解

(1) バイリンガルナラティヴの独自性と言語間相互作用

　前節で示したように，バイリンガルの各言語のナラティヴには各言語の母語話者とは異なる性質を帯びることがある．トピック維持においては，バイリンガルの日本語ナラティヴではモノリンガルと比べて談話上不要であると判断されがちな名詞句を省略しない傾向にある．出来事のつなぎ方についても，バイリンガルの日本語ナラティヴにおいては，モノリンガルと比べより因果関係を明確に表す傾向が年齢が高くなるにつれて増加する一方，英語ナラティヴでは逆に時系列表現が増えるといったように，相互の特徴を交差させるようになることが示されている．

　独自性を生み出すものとしては主に言語間相互作用（転移）が挙げられる．「転移」といえば，第二言語習得において主たる研究領域であり，母語（第一言語）が第二言語に及ぼす影響について音声，統語など多岐にわたって研究がなされてきている（Jarvis & Pavlenko 2007）．近年では第二言語が第一言語に与える影響についても注目が集まるようになり（Cook 2003），転移は必ずしも母語から第二言語へという方向性のみで起こるものではないことが認識されつつある．さらに母語を２つもつ子ども達の言語発達研究においては，二言語の言語構造の特性に起因する一定方向（つまり必ずしも優勢言語から非優勢言語への影響とは限らない）の影響が多数報告されており（Muller & Hulk 2001 等），二言語間で何等かの影響が起こりうることを物語っている[2)]．

また，言語間の影響はもともとは幼少期に限った現象であり，年齢が進むにつれて克服されるものという位置づけであった（Muller & Hulk 2001; Yip & Matthews 2007）．しかしながら，年齢が高くなり言語習得が進んでも言語間の影響は観察されることが明らかになりつつある（Chen & Lei 2012; Serratrice 2007）．Chen & Lei（2012）はバイリンガル児のナラティヴは両言語の特徴を併せ持つとしており，Lanza（2001）も両言語の特徴が融合した形となると主張している．従って，モノリンガル話者とは異なる言語使用のメカニズムが働いており，一定の違いがあることはごく自然なことであるといえよう．

（2）バイリンガル児の言語使用の現場への示唆

これらが示唆していることは何か．学校や家庭など，バイリンガル児の言語使用の現場においては，子ども達のことばに対する正確な理解が重要であり，言語能力判定にナラティヴを使用する際は特に注意が必要であるということだ．例を挙げれば，Minami（2002）では，アメリカでは一般的にナラティヴの明確さ（明示的であること）がリテラシーレベルが高いことを表していると考えられており，曖昧な語り，曖昧な文章は否定的に捉えられる傾向があることを指摘している．例えば曖昧さを好む日本人の語り，あるいはその影響を受けた日英バイリンガル児の語りを英語モノリンガルと同じ尺度で判定することは適切ではない．このように，モノリンガルに基準を置いて作られた言語発達指標と照らすとずれが生じることから発達遅延，という判定を下されかねないことは移民の子ども達を多く迎え入れてきた国家では経験されてきたことである．バイリンガル児の言語能力や認知能力を正しく認識するためには，彼らの言語能

力の本質を正しく認識することが重要である．2つ（あるいはそれ以上の）言語と文化を内包して育つ，異言語，異文化間をつなぐ存在としてのバイリンガルに育つ子供たちの言語能力を正しく測定し，理解するためにも，彼らの言語能力の固有性についての研究と知識の共有は欠かせないものであり，今後より重要性を増していくだろう．

注

1）Berman（2009）も述べているように，初期的なナラティヴは，より会話に埋め込まれ，相互のやりとりで成し遂げていくものとして語られることが多く，聞き手と話し手が情報を共有しているという認識の上に成り立っていることも一因である可能性はある．

2）最近では，この現象が言語の構造に起因するのではなく，言語処理上の特徴であるという主張もあり（Nicoladis 2012; Sorace 2011 他），成人バイリンガルにおいて更なる検証も進んでいる．

引用文献

Bamberg, M.（1997）*Narrative development: six approaches*. New York, NY: Laurence Erlbaum Associates.

Berman, R. A.（2009）Language development in narrative contexts. In E. L. Bavin（Ed.）, *The Cambridge Handbook of Child Language*（pp.255-275）. Cambridge: Cambridge University Press.

Berman, R. A. & Slobin, D.（1994）*Relating Events in Narrative-- A Crosslinguistic Developmental Study*. New York: Psychology Press.

Chen, L. & Lei, J.（2012）The production of referring expressions in oral narratives of Chinese-English narratives of Chinese-English bilingual speakers and monolingual peers. *Child Language Teaching and Therapy, 29*(1), 41-55.

Dart, S.N.（1992）Narative style in the two languages of a bilingual child. *Journal of Child Language* 19, 367-387.

De Houwer, A.（2005）Early bilingual acquisition. In Kroll, J.F. and de Groot,

A.M.B. (Eds), *Handbook of bilingualism: Psycholinguistic approaches* (pp.30–48). Oxford: Oxford

――― (2009) *Bilingual first language acquisition*. Bristol: Multilingual Matters.

Ervin-Tripp, S. M. & Kuntay, A. (1997) The occasioning and structure of conversational stories. In T. Givon (ed.), *Conversation* (pp.133–166). Amsterdam, The Netherlands: John Benjamins.

Fiestas, C. E., & Peña, E. D. (2004) Narrative discourse in bilingual children. *Language, Speech, and Hearing Services in Schools*, 155–168.

Genesee, F. (1989) Early bilingual development: One language or two? *Journal of Child Language*, 16, 161–79.

Grosjean, F. (2010) *Bilingual*. Harvard university press.

Iluz-Cohen, P. & Walters, J. (2012) Telling stories in two languages: Narratives of bilingual preschool children with typical and impaired language. *Bilingualism: Language and Cognition*, 15(1), 58–74.

Jarvis, S., & Pavlenko, A. (2007) *Crosslinguistic Influence in Language and Cognition*. New York: Routlege.

Karmiloff-Smith, A. (1985) Language and cognitive processes from a developmental perspective. *Language and Cognitive Processes* 1, 61–85.

Labov, W. (1972) *Language in the inner city*. Philadelphia, PA: University of Pennsylvania Press.

Lanza, E. (2001) Temporality and language contact in narratives by children bilingual in Norwegian and English. In Verhoeven, L. & Stromqvist, S. (Eds.), *Narrative development in a multilingual context* (pp.15–50). Philadelphia, PA: John Benjamins Publishing Company.

Minami, M. (2011) *Telling stories in two languages: Multiple approaches to understanding English-Japanese bilingual children's narratives* (pp. 143–167). Charlotte, NC: Information Age Publishing.

――― (2002) *Culture-specific language styles: The development of oral narrative and literacy*. Clevedon, England: Multilingual Matters.

Mishina-Mori, S. (2020) Cross-linguistic influence in the use of objects in Japanese/English simultaneous bilingual acquisition. *International Journal of Bilingualism*, 24(2), 319–338.

Mishina-Mori, S., Nagai, Y. & Yujobo, Y. J. (2018) Cross-linguistic influence in the use of referring expressions in school-age Japanese-English bilinguals. Bertolini, Anne B. and Kaplan, Maxwell J. (eds.), *Proceedings of the 42nd Annual Boston University Conference on Language Development,* 546–557.

———— (2019) Conceptual transfer in connecting events in Japanese-English bilingual teenagers' narratives. In E. Babatsouli (ed.), *Proceedings of the International Symposium on Monolingual and Bilingual Speech 2019,* 80–85.

Müller, N., & Hulk, A. (2001) Crosslinguistic influence in bilingual language acquisition: Italian] and French as recipient languages. *Bilingualism: Language and Cognition,* 4(1), 1–21.

Nakamura, K. (1993) Referential structure in Japanese children's narratives: The acquisition of wa and ga. In S. Choi (Ed.), *Japanese/Korean Linguisitcs* vol.3 (pp.84–99). Chicago, IL: University of Chicago Press.

Nicoladis, E. (2012) Cross-linguistic influence in French-English bilingual children's possessive constructions. *Bilingualism: Language and Cognition,* 15, 320–328.

Ochs, E. (1986) Introduction. In Schieffelin, B. B. and Ochs, E. (Eds.), *Language socialization across cultures* (pp.1–13). New York: Cambridge University Press.

Paradis, J. & Navarro, S. (2003) Subject realization and crosslinguistic interference in the bilingual acquisition of Spanish and English' what is the role of the input? *Journal of Child Language,* 30, 371–393.

Pearson, B. Z. (2008) *Raising a Bilingual Child.* New York: Living Language.

Serratrice, L. (2007) Referential cohesion in the narratives of bilingual English-Italian children Italian children and monolingual peers. *Journal of Pragmatics,* 39, 1058–1087.

Sorace, A. (2011) Pinning down the concept of "interface" in *bilingualism. Linguistic Approaches to Bilingualism,* 1(1), 1 –33.

Taura, H. & Taura, A. (2012) Linguistic and narrative development in a Japanese–English bilingual's first language acquisition: a 14-year longitudinal case study. *International Journal of Bilingual Education and Bilingualism*, 15(4), 475-508.

Verhoeven, L. & Stromqvist, S. (2001) Development of narrative production in a multilingual context. In Verhoeven, L. & Stromqvist, S. (Eds.), *Narrative development in a multilingual context* (pp.1-14). Philadelphia, PA: John Benjamins Publishing Company.

池上嘉彦（1981）『「する」と「なる」の言語学──言語と文化のタイポロジーへの試論──』大修館書店.

櫻井千佳子（2014）言語獲得にみられる事態把握と場の言語学」『日本認知言語学会論文集』14, pp.643-646.

宮田スザンヌ，稲葉みどり（2014）「子どものナラティヴにおける連結表現の特徴──日本語を母語とする3歳児と4歳児の比較を通して──」『医療科学研究』　第4号，pp.25-40.

Section III

英語教育

——Pragmatic and Intercultural Competence

（語用論的能力と文化能力）——

Chapter 6

Two Competencies: Intercultural and Pragmatic

Rod Ellis

The text is based on a transcript of a talk that Rod Ellis gave at Rikkyo University.

1) Two Competencies: Intercultural and Pragmatic

I'm interested in the difference between these two competences and also how they are related. I'm also interested in how learners develop these two competences and the kinds of materials that we need to use to help them develop them.

I'm going to start with the very sad case of Hattori Yoshiro, a Japanese exchange student in the United States. He was wearing a Halloween costume, and he accidentally approached the wrong house. The owner of the house was a guy called Rodney Peairs, and he got alarmed when Hattori approached his doorstep and he shouted "Freeze!"

Now I wonder how many people in the room understand the meaning of the word *freeze*. It means *stop, standstill, don't move any further*. And Peairs said it several times, but Hattori did not understand this expression, and he kept approaching. Peairs had a gun, and he shot and killed Hattori.

To my mind, it seems to illustrate both the issue of pragmatic competence and intercultural competence. So we could give a pragmatic explanation for what happened like this: Hattori lacked the socio-pragmatic competence to understand that an owner of a house could request him to stop walking and standstill. In other words, maybe this kind of situation just would not happen in Japan. Walking up to someone's door in Japan is not going to be something that would be perceived by the person who lived in that house as threatening. So maybe Hattori just didn't realize that what he was doing was a potentially threatening act. And it could certainly be matter of pragmalinguistic competence — Hattori's lack of knowledge of the meaning of the word *freeze*. So that could be two things at stake here: Hattori didn't realize that in America it's not a good thing to walk up to someone's front door, and he didn't know the meaning of word *freeze*.

But perhaps we could also offer an intercultural explanation. Hattori lacked an understanding of the United States as a gun-owning society. He might have read about guns in the States, but he probably didn't really understand that lots of householders would have guns, and that if he was walking up to their front door, it was quite possible that someone was going to get their gun. And he probably certainly didn't have any idea that someone in this situation could actually defend himself by shooting. Similarly, we could say that Peairs also had no cultural understanding of the Japanese person whom he shot. If he had recognized that he was Asian, then perhaps he would have realized that maybe this person didn't understand what he was doing was threatening.

So we could say that this particular sad episode illustrates both an intercultural breakdown and also a pragmatic breakdown. This is the issue at stake. We can envisage two ways of avoiding such tragic issues in the future.

One might be able to help L2 learners to develop the pragmatic competence needed to understand expressions like *freeze*. So the simple way is just to make sure that every Japanese person who visits the United States is taught the meaning of the word *freeze*. And then perhaps that wouldn't happen again. Or we could perhaps develop the intercultural competence needed to enable members of different cultures to perceive how a given situation could be interpreted differently by members of the other culture. In other words, we might actually start by talking to students who are visiting the United States about walking up to someone's door and knocking on their door like that. Similarly, Americans need a bit of education. Americans need to understand that Asians probably won't have the same fear of walking up to someone's front door.

Today, I want to talk a little bit about developing pragmatic competence, and then I'm going to go on and talk about developing intercultural competence.

② Pragmatic Competence

In the case of pragmatic competence, really there are two problems. There is a socio-pragmatic problem, and there is a pragmalinguistic problem.

A socio-pragmatic problem has to do with what particular speech act you're trying to perform in a particular situation and its appropriateness to the situation. So if you have, for example, a Japanese waiter who says sorry to a customer every time he brings food to her table, probably a translation of *sumimasen,* that would not be socio-pragmatically acceptable in an English-speaking culture. Because waiters don't apologize for bringing food to someone's table, right? So there is a socio-pragmatic problem.

A pragmalinguistic problem is when a learner tries to perform the right speech act, but uses the wrong linguistic means, and so deviates with regard to appropriateness of form. So this is where someone is performing the right speech act, but uses the wrong way of actually doing it. So a Chinese clerk who offers to help a client who's coming to the shop by saying "What's your problem?" rather than "Can I help you?" is using a speech act that sounds like a threat and is not appropriate.

Being pragmatically competent means really doing two things. It means avoiding socio-pragmatic failure. In other words, making sure that you're not performing the wrong speech act in the wrong situation and making sure that you're performing an appropriate speech act in the situation that requires it. And it also means avoiding pragmalinguistic failure. Learning how to perform the right speech act in a way that is appropriate for the situation. Of course sometimes problems don't arise. I remember when my Japanese wife would greet guests at our house in New Zealand by using a conspicuously high pitch in her voice ― a sign she wanted to be polite ― when saying "Good to see you. Thanks for coming." So she was performing the right speech act ― greeting people ― but pragmalinguistically, she was doing it in a way that was actually strange in English although of course this didn't really upset anyone. Not all pragmalinguistic problems or failures lead to actual communication problems.

I receive a lot of emails requesting me to do things. This is an email from someone from Iran who was making a request of me. I'm going to read it out, and I want you to think about whether you feel this was sociopragmatically okay and whether it was pragmalinguistically okay. So sociopragmatic concerns what he is asking. Is it appropriate for the context of the situation? Pragmalinguistic means was he doing it in the right way using the right pragmalinguistic language?

Dear Professor, I am Reza, a Ph.D. candidate. I am conducting a study about the apology strategies of Persian speakers for my sociolinguistic course, and my professor insists that I use certain sources for my article. The most important source that my professor wants is (a specific) book chapter, pages 304 to 327. I have searched every place for this source. I even traveled to other cities and visited the libraries of their universities, but I could not find it. If I cannot find this source, I may not be able to pass my course. Dear Professor, your kind help is the only hope that I have. Would it be possible for you to help me and send me this book chapter? Dear Professor, I really, really appreciate your kind help. I am looking forward to hearing from you.

Okay. Is it sociopragmatically okay? The actual speech act that he is performing is a request. Is it appropriate for him to make this request to me? It's all to do with something called the size of imposition, and also whether the person being addressed has a responsibility to perform the request.

The request imposes very greatly on me. I have to go get this book. I have to make a photocopy of it, and I have to either send it through the mail or make a PDF file, and then send it to him. He has never met me. I am a stranger. I'm a name that he has got off the internet, and this is what he's asking. From my British cultural perspective, his request is not a sociopragmatically acceptable request.

Then when you start to look at the pragmalinguistic

features, it gets worse. For a start, it starts, *Dear Professor*. Why is that no good? Because he's sending an email to me, and he can't even put my name in, *Dear Professor Ellis*. What's he doing? Perhaps, he is sending the same email to lots of professors, in a hope that one of them will come up with the book chapter.

He even seems to make a threat. He says if I cannot find this source, he may not be able to pass his course. In other words, if you don't do what I want you to do, you will be responsible for me failing a course. It's a kind of threat, and so it is also totally inappropriate as well.

Now this is someone whose English is quite good. There's not a lot wrong with his syntax or his choice of vocabulary, but sociopragmatically and pragmalinguistically, his email is a mess.

In short, the request constitutes a sociopragmatic failure because it fails to directly address the message to me, and it fails to take account of the size of imposition of the request. And, in effect, it makes a threat.

What about this? This is a letter of resignation. Is it appropriate?

I am very honored to be working in the School of Curriculum and Pedagogy Faculty of Education. It is much sadness to inform you that this is my formal resignation from my position. My last day of appointment will be 31st of

August, 2017.

This decision has not been easy, but I decided that it will be best to be close to my family for my future life. I am available to assist in the smooth transition of other staff members into my current role. Once again, I would like to thank you for the many opportunities and supports that you and the university have given me. I wish you and the faculty many more developments in the future.

All right. This has linguistic errors, but sociopragmatically it's fine. Everyone has a right to resign their position. And this person is sending a letter to her Head of Department, and she addressed this person directly in her letter.

Is it okay pragmalinguistically? What about, *My last day of employment will be 31st of August, 2017*? Again, you have to know the cultural background. I don't know what happens when you resign a job in Japan, but normally, when you resign a job in New Zealand, you don't necessarily say when your last day will be. You say I would like to discuss with you what the last date of my resignation would be.

Pragmatic knowledge can be implicit or it can be explicit. Implicit pragmatic knowledge is acquired incidentally through exposure to the second language. Implicit pragmatic knowledge is intuitive. That is to say you intuitively know how to behave and what to say in a particular situation. Also, it's processed automatically. You don't have to think about it; you automatically know what to do in a particular situation and how to say what you need to say.

Explicit pragmatic knowledge is acquired intentionally through formal study, and it's conscious. That is, the learner is aware of target language pragmatic norms. Explicit pragmatic knowledge is typically only available through controlled processing. You need time in order to be able perform a speech act in the right way, for example.

Your pragmatic knowledge of your mother tongue is largely implicit. The pragmatic knowledge of an English language learner may be largely explicit. That's why English language learners probably feel uncomfortable when speaking English and when visiting America or Britain; they are not entirely certain what to say and how it should be said.

Can pragmatic knowledge be acquired implicitly by classroom learners? There was a study that I carried out in 1992 in London. I was looking at ESL learners, and I was interested in their acquisition of requests. These were two young Pakistani children, and they were learning English. One of them was Punjabi-speaking and the other was Portuguese-speaking. I was interested in the way in which they made requests in the classroom, and I followed them for two years to see to what extent they were learning how to make requests in an appropriate way.

These were my research questions. Do L2 classroom learners manifest stages of development in the acquisition of requests? Do they go through certain stages of development? Does an L2 classroom context provide opportunities for learners to acquire target-like requests?

The participants were living in England and were having English lessons every single day. They were placed in what's called a Language Unit, and this instructional setting was designed to cater to new arrivals in the UK. The children had recently arrived as immigrants into the United Kingdom and didn't know any English. They joined classes of recent arrivals. There were native speaking teachers, but all the other students were ESL students. Learners were culturally and linguistically very mixed. Many of the lessons they received were very informal. Their relationship with the teacher was not like the kind of relationship that you have in a high school in Japan. It was a very relaxed, informal, friendly relationship. And there were lots of out of class visits. Teachers were taking them to visit the museums and parks and things like that. English served as both the pedagogic target and the medium for classroom communication. So the teachers were teaching them English, but they were using English to teach them English.

This was my database. I visited at least once every two weeks and kept a record of the learners' utterances. I wrote them down, and I also audio recorded them. And for this particular study, I extracted all the requests that they made over the two-year period from my data. My definition of a request is a speech act whose illocutionary purpose was to ask another person to perform some nonverbal action, such as, *Give me your book*, or *Can I have a new book please?*

I found only very limited development in their ability to make requests. In what way was it limited? The majority of the requests were still of the direct kind. Direct means, *Give me a pencil*, *Give me a book*, rather than *Could you please give me a book?* or *Would you mind doing this for me?* Request performatives and hedged performatives didn't occur at all in the two years. The range of formal devices was still very, very limited. There was little attempt to employ either internal or external modification of their requests.

Let's say, for example, that I want you to lend me 1000 yen. And I might say, "I really am sorry, but I have a real problem. I've lost my wallet, and I need to get back to my hotel, and I don't have any money. I know I really shouldn't be asking you this, but do you think you could perhaps give me 1000 yen to enable me to get back?" I did a lot of work there, didn't I? That's what I mean by modification. Before I made the request, *Could you please give me 1000 yen?* there was a lot of preparation for it.

The learners failed to modify their requests. So after two years of living in London and English lessons every day, they did not really learn the full range of requesting strategies in English. There are two possible explanations. The learners were still in the process of acquiring the linguistic and pragmatic knowledge that they needed to perform the requests. In other words, they needed more time, they needed to learn more language, and then when they had done so, they would develop full pragmatic competence for making requests.

But perhaps the problem is the classroom setting, because as I said, the teacher was kind of a friend to them. Other students were their equals. You don't really have to do much work when you make a request in such a context. If you want to borrow another student's pen, you don't say, "Excuse me, I know I'm bothering you, but would you mind lending me your pen." You say, "Give me your pen". So in this classroom context, they didn't really need to produce requests that posed an imposition on people. And that's the problem. This probably means that you're not really going to pick up how to perform polite requests even in an English medium classroom. Even if you are in an English medium classroom, you're not really going to learn the full pragmatic range of requesting.

So can pragmatic knowledge be acquired implicitly in the classroom? Probably not. There is insufficient exposure to the use of specific speech acts in different situational contexts, and learners in the classroom simply don't find themselves in enough situations where they have to make difficult requests. Politeness is not a major issue in classroom communication.

Can pragmatic knowledge be acquired explicitly by classroom learners? In an English medium environment, you're not going to pick up the full range of requests from exposure to the use of language in the classroom. This would suggest that perhaps you have got to teach it explicitly.

Liddicoat and Crozet did a very interesting study about acquiring French interactional norms through instruction. The first thing you need to know is that French people have very different pragmatic norms from British people or American people. We're going to look at one of the ways in which they are very different. The students were 10 second-year university beginning level French learners. They had completed one year of French study only, and then started to learn French at a tertiary level.

The learners performed the same role-play based on the question *Tu as passé un bon weekend?* (You had a good weekend?). Let's just think how you would do it in English. You're working with people, you arrive at work on Monday, and you're passing someone on the stairs, and you say to them, "Did you have a good weekend?"

In Australian English, the question "Did you have a good weekend?" is likely to elicit a brief ritualistic exchange. A pragmatically appropriate way of responding to that is "Pretty good", "Not bad", or "Okay" and then you move on to something else.

In French, the question initiates a topic with the expectation that there will be extended talk involving a conversational style with both speakers demonstrating an interest in what the other person says. So if you answer the question in French, you don't say "Yeah, it was fine, I had a good time." You begin to elaborate and to give information about what you actually did, "Yeah, I really enjoyed it. I went to an open-air park and listened to a music concert." And then of course you ask them what they did. It initiates a whole conversation, not just a quick little exchange.

Here is a description of the instruction that the students received. They started off with what they call an awareness-raising phase, which identified how Australian and French people communicate through a comparison of answers to the question in an Australian and a French way, and then an explicit description of the differences by the teacher. Then the students had to put together a jumbled conversation between two native speakers to make a full conversation. Then they did role-play based on a fictitious weekend, and they had to use appropriate French norms while they were performing the role-play. They received feedback and had a class discussion of each role-play, and the students were asked to comment about how they felt acting French.

But this raises the question that if you are learning to

behave in a pragmatically appropriate way, what do you do if behaving in a pragmatically appropriate way in English is very different from behaving in a pragmatically appropriate way in Japanese?

To what extent should Japanese people learn to behave like Americans, learn to behave like Brits, or like Australians? This is a key issue in the teaching of pragmatics. The Liddicoat and Crozet results showed that students demonstrated the ability to perform in a more French like way by making the weekend the topic of their talk, but they avoided expressing opinions or feelings and also made little use of formal devices. So they were not completely doing it in a French. One year later, students continued to produce appropriate content, but they had forgotten the actual language that they needed in order to talk in this kind of situation to perform this speech act. They knew the kinds of things that they would say, but they did not remember the language. So in other words, the effect of the instruction was fairly short-lived. It had an immediate effect, but it didn't last. Overall, then, the instruction had only a small impact on their pragmatic competence.

Can L2 interactional norms be taught and learned? Yes, to an extent they can be, but not all the elements are learned equally. Elements related to the content — what is it you want to say in a particular situation — seem to be better acquired than elements related to the actual linguistic forms. Pragmatic elements, topic selection, and content are more amenable to conscious control, so they can be acquired. In Liddicoat and Crozet's study they were long lasting, but the language was not.

So can pragmatic knowledge be acquired explicitly by classroom learners? Well, I guess the answer is to some extent, yes, but it would appear that socio-pragmatic aspects are easier to teach than the pragmalinguistic aspects. In other words, you can teach people when it's appropriate to perform a particular speech act but it is much more difficult to make sure that they're going to do it in a pragmalinguistically appropriate way. The aim of teaching L2 pragmatic norms is not a matter of simply adopting foreign norms of behavior, but about finding an acceptable accommodation between one's first culture and the target culture.

 ### 3   Intercultural Competence

What is culture? Culture is always a difficult concept. The two areas of culture that I'm really interested in are the culture as societal norms and the culture as practice.

Intercultural competence is the knowledge and ability needed to communicate successfully and effectively with people of other cultures. It implies knowledge of other cultures' societal norms. Being intercultural means being able to move backwards and forwards from your culture to theirs and perhaps even from your language to their language. The components of intercultural competence are knowledge of social groups and their products and practices in one's own and in one's interlocutor's country and of the general processes of societal and individual interaction.

Japan is the only country that I've visited that I had a sense of culture shock when I first came. It was partly all the people, and all the lights, all the action, and all the movement. But what really got me was that all these were people moving around, and nobody was looking at any other person. Nobody. Nobody was looking at me. Here I am — a *gaijin* in Takadanobaba — and they are moving around as if I don't exist. They are in their own world. If Japanese people do look at other people in public places, they try to do it very surreptitiously, so that other people don't notice that they are looking at them.

But the culture that I come from, when you move around, you look at other people. You look at people. You notice them; you're not just locked in your own little world. You are open to the rest of the world. There's people looking at you, and you are looking at other people.

One of the first things that you have to learn when you come to Japan is don't expect other people to look at you in the street or on the train — which is quite difficult. But interculturally, what am I to do because my culture says I can look at people? But if I look at people, I might make them feel uncomfortable. I find myself looking at people, but not for a long time. I don't want to upset them. I am in Japan, and I am adapting interculturally. I'm not abandoning my own culture, but I am adapting what I would normally do, which would be to have a good look at everybody in a railway carriage. An intercultural attitude is about curiosity and openness, the readiness to suspend disbelief about cultures and belief about one's own. To enter an intercultural world, you need to be prepared to abandon your fixed normal way of behaving and be prepared to do something different – to modify it.

Intercultural skills are about the ability to interpret documents and events from another culture and to understand it and to relate it to documents or events in one's own culture. It is the ability to use knowledge of the other culture in real time communication. It is the ability to evaluate differences in the practices and products of two cultures. Culture learning is the process of acquiring culture-specific and culture-general knowledge — the skills, and attitudes required for effective communication and interaction with individuals from other cultures.

Another thing that I noticed in Japan is when two people are talking, they're often going "*Hai hai sou desu*" - all the time. It's a very Japanese cultural thing. The interesting thing is that when I'm talking to Japanese people, I find myself adapting. I'm beginning to nod more than I would normally and say *hai, hai*. And it's very important because what you're doing is showing that you have an understanding and a sympathy of how Japanese people are interacting with you.

Culture-specific and culture-general skills concern the knowledge and ability to interact in appropriate ways in specific linguistic and cultural contexts. It is the knowledge of interactional routines and the social significance of different utterances. So becoming interculturally competent means knowing when it's necessary or desirable to behave in accordance with the cultural norms of speakers of another culture. And sometimes it's extremely difficult to know whether you should adapt to the norms of the speaker of another language. Being sensitive to problems that arise as a result of cultural differences and being able to negotiate a way around them is important. But this does not necessarily mean adopting the pragmatic norms of an English speaker, but rather being sensitive to them, being aware of cultural differences that underline pragmatic norms, and being prepared, if necessary, to repair and negotiate when you can see something is not going right because you've said something in not the right way.

Reception versus production both require an understanding of sociopragmatic and pragmalinguistic meanings of utterances. There is a movie called "Tears and Trembling" about a French speaking, young Belgium woman who comes to Japan and works in an office of a major Japanese company. Basically, it describes how everything goes wrong. She is given boring jobs to do, and so she tries to find more creative interesting jobs to do. This annoys everybody in the office, in particular one Japanese woman who has been there for 10 years. Eventually, the Belgium woman can't stand it anymore, and she goes back to Belgium. She wrote a novel based on her experiences, and the movie "Tears and Trembling" is based on the novel. It is a very interesting movie, because it documents all the cultural misunderstandings that take place between this Belgium woman and Japanese working in the office.

There are stages of development of intercultural competence, from Denial to Integration, where learners develop an intercultural identity enabling them to function fluidly in a range of cultural contexts. Few people achieve full Integration. Probably what people most want is to move into Acceptance, where they are able to compare cultures and note and respect differences.

(4)　Teaching Pragmatic and Intercultural Competence

Kramsch and Mconnell-Ginet did an analysis of textbooks. They found that culture does not figure as a primary element in textbooks, and cultural artifacts are introduced rather than cultural values. A cultural artifact is a very simple, cheap, meaningless way of introducing culture into a textbook. Cultural values involve contrasting native and target cultures. When this is addressed in textbooks, it is often done so in a very simplistic way leading to potential misconceptions by students.

New Zealand is trying to integrate cultural elements into the teaching of foreign languages, and Newton proposed some principles to guide this. Hwang argued that the only way to develop pragmatic competence is through authentic situations and materials. And obviously, one way that you can do this is through movies. But probably exposure alone is not enough. And so this takes us back to the need for awareness raising, experimentation, free production and feedback — as in Liddocat and Crozet's study.

Probably it is awareness raising that is most important. In a classroom, this is probably the most that you can do to develop students' cultural sensitivity. An awareness approach to teaching pragmatic and intercultural competencies emphasizes exploration of both the target language culture and the learners' own language and culture.

Comparing and understanding cultures means developing a reflective capacity to deal with cultural differences and reflecting on how to modify behavior when needed. Perhaps a task-based approach where learners can engage in doing various tasks that have clear, cultural content will work best. For example, the goal of the following task is to understand foreign customs. Students are given different custom cards, which describe different foreign customs. The first part of this task involves and information-gap where students exchange information on the different customs that they hold. The second part of the task involves the students discussing their opinions on where the customs take place, what happens during the customs, and what the purpose or meaning of the customs is.

In closing, pragmatic competence and intercultural competence are closely connected. Through developing pragmatic competence, we also develop intercultural competence. You have to have some pragmatic competence of the foreign language in order to be able to develop intercultural competence. But I think that we can differentiate pragmatic and intercultural competence because when we talk about a learner becoming pragmatically competent, we mean that she can use the language in accordance with the pragmatic norms of the target language. In other words, we can ask if the learner is behaving in an appropriate pragmatic way for the language that the learner is learning. Is she pragmatically competent? But when we talk about people becoming interculturally competent, we mean that they understand the differences between their own and another culture and are able to communicate together in a manner that is agreeable to them both.

If you take this intercultural view, the target should not be to teach how to behave in a totally native-like pragmatic way, because that would mean abandoning some of the students' deeply-held pragmatic norms and cultural beliefs. The onus should be on teaching students how to behave in a way that is comfortable for both them and for their interlocutors from the other culture.

When intercultural communication is taking place, it's not just the student's responsibility to behave in a pragmatically-appropriate way. It's the responsibility of the native speaker to understand your pragmatic behavior even when you the student is not be behaving in a completely native like pragmatic way. It a two-way process and a two-way responsibility.

Chapter
7

Intercultural Communication in Language Education and Language Teacher Education

Ron Martin

Abstract

The fields of TESOL and applied linguistics have embraced that language learning, and thus, language teaching, are contextually situated within the cultures of the community of practice of the language participants (Johnson 2006). This contextualization of language education suggests that language learners should receive language instruction under the umbrella of also understanding self and other. Yet the actualization of language education with the additional goal of intercultural communication is difficult to achieve. This paper reviews the change from culture-as-component to language education to intercultural communication as a primary goal. In addition, this paper reviews intercultural communication in language teacher education. In closing, this paper introduces graduate school TESOL program goals to embed an intercultural education mindset among students.

Two TESOL conference presentations have stayed with me for some time. Kim (2013) discussed a study about the tendency of some international students of the same home nation to group together at universities in the United States during their study abroad programs. The focus of the study was about the international students' lack of contact with the host institution's student body, and thus, loss of exposure to English (i.e., the target language) and missed cross-cultural experiences. The study suggested that the international students chose not to integrate into the larger community. However, one slide of the presentation showed that a domestic student did not care if the international students kept to themselves or not. Thus, the study also suggested that perhaps the campus milieu at host institutions may have created sociocultural boundaries that prohibited inclusion — or even encouraged such self-isolation — and this issue of power in language majority/minority settings has been well documented (e.g., see Kanno & Norton 2003; Pierce 1995).

The second conference presentation was a panel discussion, "TESOL as Intercultural Communication", (Holliday, Kubota, Connor, Snow, Nelson, & Jacob 2014). Kubota defended her work (Kubota 1999; Kubota & Lehner 2005) that took the ESL community to task for its view of culture as a binary issue (i.e., the East and the West), as the East (e.g., Japan) being the subordinate "Other" to the dominant culture of the West, and as definable in static terms.

As a university educator who focuses on language education in a faculty of intercultural communication majors, the importance of intercultural communication in language education and intercultural communication language teacher education are of great interest. The aforementioned conference presentations elucidated the need of intercultural communication in language education. It is from this interest that I present this paper. First, I will discuss intercultural communication in language education and goals for language learners. Second, I will focus on intercultural communication in language teacher education programs. Third, I will review the outcomes of classroom-based studies regarding intercultural communication approaches to language teaching and learning.

1   Intercultural Communication in Language Education

Intercultural communication learning in language education stems from the discussion of the teaching of culture in the language classroom. There is a clear distinction in language education literature between the terms *culture* and *intercultural* (see Kramsch 1995). Yet the review conducted by Lessard-Clouston (2016) suggested that studies conducted between 1996 and 2015 which focused on culture, cultural issues, cross-cultural topics and intercultural issues were "essentially the same topics" (p. 62). Furthermore, while the social sciences have contributed to the collective understanding of the complex relationship between culture and language, it is language educators who decide how, and if at all, culture is taught in language classrooms (Lange 1998). In this section, I present a focused discussion of the evolving understanding of culture and intercultural communication in the language classroom.

Atkinson (1999) reviewed the discussion of culture in TESOL and found it had changed from a "received view" to a "received-but-critical view" and finally to a "critical view" (p. 629). The received view, sometimes referred to as high culture or the distilling of culture into a fact-based, static phenomena (Lange 1998), is viewed as promoting stereotypes and not capturing the differences among individuals within the same community (Atkinson 1999). The received-but-critical view argues against grouping peoples in categories (e.g., by nation or religion), but does accept that there are shared values among some communities (Atkinson 1999). The critical view of culture avoids defining or using the word culture to avoid the categorization and/or marginalization of peoples and instead focuses on issues such as identity or individuals within communities.

Paige et al. (2000) reviewed 289 papers (158 on the application of teaching methods and materials; 66 on theory; and 65 on conducted research). In brief, Paige et al. (2000) found (a) only a few papers on in-class applications of culture learning, none however, at the secondary level; (b) most of what they did find was about context; context referred to the setting of culture learning, such as, study abroad experiences or immersion learning; (c) the context of learning was influenced by learner motivation, the learner's attitude, and positive experiences in the target culture; (d) teachers lacked a clear vision of how to implement the teaching of culture in the classroom, yet did desire to do so; and (e) textbooks were largely inadequate to conduct culture learning because they treated culture as a series of static facts.

Paige et al. (2000) advocated that language education move from the teaching of culture as knowledge (i.e., observable facts) to the ability to interact. The model they used balanced culture-general and culture-specific aspects of knowledge, behavior, and attitude; the model established the language learner as a culture learner, an active participant seeking to accept and transmit understandings while also being a respectful, patient, and positive interlocutor (Paige et al. 2000).

Atkinson (1999) showed how the individual influences as well as is influenced by any given community the individual represents. In short, Atkinson (1999) highlighted the fluidity as well as the complexity of individuals in context. He, thus, argued for a sociocutlural approach to the complex issue of culture based upon the concept of schema:

Schemas and networks of connections, including but not limited to 'culture in the head' (i.e., socially shared and disciplined schemas and networks), interact with worldly phenomena, including, but not limited to 'culture in the world' (i.e., social practices, products, and tools) (Atkinson 1999: 639-640).

Atkinson (1999) proposed six principles based upon this notion of schema, which focused on individuals and language as always being situated in sociocultural contexts. The process is to situate individuals and groups in real-life contexts, or as other have suggested, imagined contexts (e.g., Kanno & Norton 2003; Yashima & Zenuk-Nishide 2008). Such situated learning would provide access to scenarios in order to open discussions to not only language use issues but also values and belief systems, allowing students to refine their hypotheses about other communities (Lange 1998).

Allen and Lange (as cited in Lange 1998) proposed using material that would have learners compare their culture (C1) and the target culture (of the language) of study (C2) through hypothesis making and hypothesis testing in order to engage learners in a process of cognitive and affective development. Activities, "located in interactive and experiential spaces" (Walton, Priest, & Yin 2013: 182), would enhance the learner's C1 knowledge while also allowing the learner to develop an understanding of the C2. According to Byram and Wagner (2018), "knowing and understanding other people and societies involves knowledge and understanding of oneself and one's own society" (p. 144) and language education should incorporate "crucial skills required for students to decenter from their taken-for-granted and unquestioned world perspectives in order to see how others see the world as 'how others see us'" (p. 145). The goal of language education has shifted from native-speaker like proficiency outcomes to learners being intercultural speakers with the ability to mediate contexts with two or more interlocutors of differing backgrounds (Byram & Wagner 2018). This emphasis on C1 and C2 learning as well as the process of reflecting on value and belief systems is, in essence, a discussion of learner identity.

Yet inherent in all sociocultural contexts, and thus identity development, there is always an element of power. For Pierce (1995), "power relations play a crucial role in social interactions between language learners and target language speakers" (p. 12), and power is the key element in understanding the development of a social identity of a learner in connection with any given context. Pierce (1995) suggested that the right to speak is the primary element, namely in contexts where the language learner is a minority within a dominant group, that affords — or prohibits — the learner access to the language community. Kanno (2003) and Toohey (1998) have also discussed individuals (i.e., language learners) in sociocultural contexts and the role power played. In addition to social identity in relation to language, Collier (2015) argued in a review essay that any intersection between individuals has numerous layers in which "identifications and representations as insiders/outsiders, international visitor/local, immigrant/Diaspora/community member, as well as those based on nationalities, races, genders, sexual orientation, class and religion/spiritual affiliation, are all being negotiated, contested, and positioned in relation to others" (p. 10). Thus, power should be incorporated into discussions about any C1-C2 comparisons regarding the context of the individuals and issues regarding language(s) of use.

The teaching of culture as static information, imparted through a lecture or theme to a language activity, is no longer supported as a means to raise cultural awareness within individuals (Lange 1998; Liddicoat & Scarino 2013). Rather it is suggested that language education, more so than any other discipline, is (a) a skill for life and (b) contributes directly to the development of the individual who will then foster a greater understanding among members of communities (Kramsch 1995; Porto & Byram 2015). Students are to compare ― in the L2 if possible ― the C1 and the C2 as the basis for intercultural communication development (Lange 1998; Liddicoat & Scarino 2013). Authentic, context-rich material, such as critical incidents, and ideally, critical incidents written by the students yet reviewed for misleading information or stereotypes, could lead to integrating language and culture as a process of reflection and growth and understanding of appropriate language use (Lange 1998).

However, integrating intercultural communication education in the language classroom has been problematic. Educators have pre-conceived notions of what should be taught; that is, many language educators tend to avoid incorporating intercultural communication into their language lessons (Secru 2006). Educators who have attempted to include intercultural issues have found difficulty in balancing language education and intercultural communication (Fox & Diaz 2006; Phongsirikul & Thongrin 2019; Schulz et al. 2005) and some have questioned the feasibility of an integrated lesson with learners who have low L2 proficiencies (Sercu as cited in Garrett-Rucks 2013). Learners, who do value learning about intercultural issues, question the necessity to discuss such issues in the language classroom (Phongsirikul & Thongrin 2019; Schulz et al. 2005). Furthermore, there is a lack of teaching material and even less available that has been made for student use regardless of the abundance of theoretical material (Garrett-Rucks 2013; Liddicoat & Scarino 2013; Phongsirikul & Thongrin 2019; Schulz et al. 2005). Consequently, assessment for a course conducted with the student as an intercultural speaker presents difficulties (Fantini 2011; Garrett-Rucks 2013; Liddicoat & Scarino 2013; Scarino 2010; Schulz et al. 2005).

To overcome such obstacles, the development of intercultural communication in future teachers must be incorporated into language teacher education. In the next section, I will present an overview of intercultural communication in language teacher education programs.

② Intercultural Communication in Language Teacher Education Programs

The call to prepare teachers for diverse classrooms (Govardhan, Nayar, & Sheorey 1999; Samson & Collins 2012) and to incorporate intercultural communication in language teacher education has given rise to programs that send teachers abroad for further training (Asia-Pacific Centre of Education for International Understanding 2016). Yet these programs are not necessarily new, nor do they provide opportunities for a broad number of teachers. In addition, Gay (2002) and Tomas, Farrelly, and Haslam (2008) suggested that the teaching practicum should be conducted in an overseas context to provide ample experiences and peer discussions regarding intercultural issues. However, overseas experiences have not necessarily yielded the outcomes desired. Outcomes of international student teaching experiences on teaching as well as the intercultural communication gains of the participants have shown mixed results (Campbell & Walta 2015; Cushner & Chang 2015; Tomas et al. 2008).

Lee (2011) and Yang (2011) highlighted the gains and possible costs of university-based overseas experiences. Lee (2011) reported on a 6-week program for Hong Kong student teachers in Australia that included 10 days of teaching at local elementary schools. The majority of the 6-week program was essentially a short-term study abroad experience for the student teachers (including staying with a host family) to support their English language skills, knowledge of teaching, and awareness of intercultural communication (Lee 2011). Participants reported gains in awareness about teaching, about the differences between two education systems, and an enhanced awareness of cultural diversity; however, participants also reported a feeling of inadequacy in their own teaching and English language skills (Lee 2011). However, the study did not address to what extent the experience influenced the participants' teaching (Lee 2011).

Yang (2011) found that the 8-week practicum experience in Hong Kong for seven Canadian student teachers was a beneficial teaching experience regarding being faced with non-English speaking students, having the opportunity to observe authentic lessons, and receiving feedback on their teaching; participants also commented on the differences between the host education system and their own. However, the participants felt a lack of local support, had trouble adjusting to the school system, and said the language barrier made communication difficult (Yang 2011). It is also unclear if this experience influenced the participants' teaching or their understanding of intercultural communication, and one outcome suggested that future programs should include briefing sessions prior to departure (Yang 2011).

There is a clear need to incorporate pre- and post- briefing sessions, which is common among most study abroad programs, in order to prepare and focus student teachers prior to departure and then to debrief them upon return (Campbell & Walta 2015; Cushner & Chang 2015; Tomas, Farrelly, & Haslam 2008; Yang 2011). Yet regardless of a program's structure and immersion into a different community, gains in intercultural communication may still not be realized due to participant readiness and/or willingness (Beutel & Tangen 2018). Beutel and Tangen (2018) found "the greater challenge is how to embed meaningful experiences into these programs that progress preservice teachers towards more intercultural mindsets" (p. 177).

Despite the experiences of living abroad and gaining teaching experience in an unfamiliar community, more can be done on campus. TESOL programs should incorporate courses that specifically teach intercultural communication prior to any teaching experience in an unfamiliar community (Dogancay-Aktuna 2005; Lazar 2011; Walton et al. 2013). Dogancay-Aktuna (2005) and Lazar (2011) showed that the development of a student teacher's schema can take place in class on campus through coursework, and Lazar (2011) suggested that such coursework should be introduced early in a program and ideally linked to other courses throughout the program . Similarly, Senyshyn (2018) also stated the need to expose student teachers to diverse experiences prior to in-class teaching experience. For Senyshyn (2018), on-campus intercultural communication opportunities exist and may be an alternative to study abroad experiences, yet they need to be supported by practical and educational activities. Senyshyn （2018） devised an outside-of-class project that put student teachers in the role of mentor for first-year international students with the goal of having the student teachers experience: ⑴ disorienting dilemma, ⑵ reflection and exploration of assumptions, ⑶ gaining confidence in a new role, ⑷ behavior changes, and ⑸ integration of new perspectives （see Senyshyn & Chamberlin-Quinlisk 2009, pp. 168–169 for a full description of this model）.

Another avenue to provide future teachers with an experiential learning opportunity is service learning. Perren （2013） provided a blueprint in how to create a service learning course, and Kassabgy and El-din （2013） reported on the positive outcomes of a service learning course that paired undergraduate TEFL students with campus employees in need of English language development. Perren （2013） and Kassabgy and El-din （2013） found their respective for-credit courses helped to develop the future teachers' feeling of investment, agency, membership in a community, and social responsibility. Thus, in addition to teaching experience, participating student teachers were led to develop their identities in response to working with people from different communities.

Regardless of the program to support student teachers, the key issues regarding the inclusion of intercultural communication in language teacher education are professional and conceptual issues （Kelly & Grenfell 2004）. Professional issues include the need to prepare student teachers for the language community in which they will teach, whether it may be a multicultural environment （e.g., immigrants as students） or in a foreign language environment, where the students may either share the same L1 and C1 as the teacher or where the teacher is the sole representative of the target language and culture while living in the students' community （Kelly & Grenfell 2004）. Conceptual issues include the need for the teacher to have students compare the C1 and the C2, while also understanding that in the case of English, C2 represents countless individuals in a variety of contexts （Kelly & Grenfell 2004）.

Kelly and Grenfell （2004） incorporated intercultural communication throughout their language teacher education program and specifically recommended that student teachers experience environments that would elucidate C1/C2 contrasts and that student teachers should be taught that the teaching of intercultural communication relies upon active participation between the teacher and students as well as amongst the students themselves. Kelly and Grenfell （2004） said language teacher education programs need to incorporate reflection into intercultural education components, which should be based upon site visits, work experience, practicums, and if possible, experiences abroad.

Furthermore, the Council of Europe （2001） has led the

charge in language education and specifically the inclusion of intercultural communication into a theoretical framework for learners as well as that for language teacher education programs (e.g., see Kelly & Grenfell 2004; Newby et al. 2007). In addition, the Council of Europe (see Coste, Moore, & Zarate 2009) and National Council of State Supervisors for Languages and the American Council on the Teaching of Foreign Languages (ACTFL 2017) have each published a can-do statement approach to the integrated approach to language and intercultural communication covering novice to superior learners. There is also evidence that children are able to gain from the discussions of diversity (Denson et al. 2017; Walton et al. 2013) and as such language education for children should incorporate intercultural communication (Walton et al. 2013).

In summary, a language teacher education program should incorporate the following. It should prepare future teachers for a diverse community, especially for the community in which they will teach. The program should include coursework on intercultural communication issues early in the program and ideally linked throughout other coursework. Courses in the program should include outside-of-class opportunities to allow students (a) to experience teaching and (b) to interact with different communities. The program should include a practicum component that includes pre- and post- briefing sessions that focus on intercultural communication aspects of the community as well as teaching practices. Lastly, an ideal cohort of student teachers would come from diverse backgrounds and work together through reflection and discussions on their coursework and experiences.

Summary

The discussion of incorporating intercultural communication into language education and language teacher education programs is not new. Policy makers in Europe as well as in the United States have stressed that language education is the ideal discipline to introduce and instruct students on how to approach contexts with diverse community members. However, widespread successful implementation of this approach in language classrooms and language teacher programs has yet to be fulfilled. But the attempt is worthwhile. For too long the onus on successful language learning has been on the learner and not the community; the successful participation in the community has been on the minority member and not the dominant members. A change in language education that focuses on successful community-level communication will encourage all participants to be active and understanding interlocutors, encouraging a greater social responsibility to the self and other.

References

ACTFL. (2017) NCSSFL-ACTFL Can-Do Statements.

Asia-Pacific Centre of Education for International Understanding. (2016) *Fostering global citizenship for a peaceful and sustainable future*. South Korea: APCEIU.

Atkinson, D. (1999) TESOL and culture. *TESOL Quarterly*, 33(4), 625-654.

Beutel, D., & Tangen, D. (2018) The impact of intercultural experiences on preservice teachers' preparedness to engage with diverse learners. *Australian Journal of Teacher Education (Online)*, 43(3), 168-179.

Byram, M. (1988) Foreign language education and cultural studies. *Language, Culture and Curriculum*, 1(1), 15-31.

Byram, M., & Wagner, M. (2018) Making a difference: Language teaching for intercultural and international dialogue. *Foreign Language Annals*, 51(1), 140-151.

Campbell, C. J., & Walta, C. (2015) Maximising intercultural learning in short term international placements: Findings associated with orientation programs, guided reflection and immersion. *Australian Journal of Teacher Education*, 40(10), 1-15.

Collier, M. J. (2015) Intercultural communication competence: Continuing challenges and critical directions. *International Journal of Intercultural Relations*, 48, 9-11.

Coste, D., Moore, D., & Zarate, G. (2009) Plurilingual and pluricultural competence. *Language Policy Division. Strasbourg: Council of Europe*.

Cushner, K., & Chang, S. C. (2015) Developing intercultural competence through overseas student teaching: Checking our assumptions. *Intercultural Education*, 26(3), 165-178.

Denson, N., Ovenden, G., Wright, L., Paradies, Y., & Priest, N. (2017). The development and validation of intercultural understanding (ICU) instruments for teachers and students in primary and secondary schools. *Intercultural Education*, 28(3), 231-249.

Dogancay-Aktuna, S. (2005) Intercultural communication in English language teacher education. *ELT Journal*, 59(2), 99-107.

Fantini, A. E. (2012) Multiple strategies for assessing intercultural communicative competence. In J. Jackson (Ed.)., *The Routledge handbook of language and intercultural communication* (pp. 399–414). New York: Routledge.

Fox, R. K., & Diaz-Greenberg, R. (2006) Culture, multiculturalism, and foreign/world language standards in US teacher preparation programs: Toward a discourse of dissonance. *European Journal of Teacher Education*, 29(3), 401–422.

Gay, G. (2002) Preparing for culturally responsive teaching. *Journal of Teacher Education*, 53(2), 106–116.

Garrett-Rucks, P. (2013) A discussion-based online approach to fostering deep cultural inquiry in an introductory language course. *Foreign Language Annals*, 46(2), 191–212.

Govardhan, A. K., Nayar, B., & Sheorey, R. (1999) Do US MATESOL programs prepare students to teach abroad? *TESOL Quarterly*, 33(1), 114–125.

Holliday, A., Kubota, R., Connor, U., Snow, D., Nelson, G., & Jacob, L. (2014, March). *TESOL as Intercultural Communication*. Panel discussion at TESOL Annual Conference. Toronto, Canada.

Kanno, Y. (2003) Imagined communities, school visions, and the education of bilingual students in Japan. *Journal of Language, Identity & Education*, 2(4), 285–300.

Kanno, Y. & Norton, B. (2003) Imagined communities and educational possibilities: Introduction. *Journal of Language, Identity & Education*, 2(4), 241–249.

Kassabgy, N., & El-Din, Y. S. (2013) Investigating the impacts of an experiential service-learning course. *TESOL Journal*, 4(3), 571–586.

Kelly, M., Grenfell, M., Allan, R., Kriza, C., & McEvoy, W. (2004) *European profile for language teacher education: A frame of reference*. Brussels: European Commission.

Kim, S., & Smith, C. (2013, March). *Study on Motivation for Cross-Cultural Communication Among University Students*. Paper presented at TESOL Annual Conference. Dallas, Texas.

Kramsch, C. (1995) The cultural component of language teaching. *Language*,

Culture and Curriculum, 8(2), 83-92.

Kubota, R. (1999) Japanese culture constructed by discourses: Implications for applied linguistics research and ELT. *TESOL Quarterly,* 33(1), 9-35.

Kubota, R. & Lehner, A. (2005) Response to Ulla Connor's comments. *Journal of Second Language Writing,* 14, 137-143.

Lang, D. (1998) *The teaching of culture in foreign language courses.* Center for Applied Linguistics, Washington D.C.

Lázár, I. (2011) Teachers' beliefs about integrating the development of intercultural communicative competence in language teaching. *Forum Sprache,* 5(5), 113-127.

Lee, J. F. K. (2011) International field experience–What do student teachers learn? *Australian Journal of Teacher Education,* 36(10), 1-22.

Lessard-Clouston, M. (2016) Twenty years of culture learning and teaching research: A survey with highlights and directions. *NECTFL Review,* 77, 53-89.

Liddicoat, A. J., & Scarino, A. (2013) *Intercultural language teaching and learning.* West Sussex, UK: John Wiley & Sons.

Newby, D. (2007) *European portfolio for student teachers of languages: A reflection tool for language teacher education.* Council of Europe.

Paige, R. M., Jorstad, H., Siaya, L., Klein, F., & Colby, J. (2000) *Culture learning in language education: A review of the literature.* Department of Education, Washington, D.C.

Peirce, B. N. (1995) Social identity, investment, and language learning, *TESOL Quarterly,* 29(1), 9-31.

Perren, J. (2013) Strategic steps to successful service-learning in TESOL: From critical to practical. *TESOL Journal,* 4(3), 487-513.

Phongsirikul, M., & Thongrin, S. (2019) Developing intercultural awareness in ELT: Students' attitudes toward their intercultural learning experience. *REFLections,* 26(1), 78-114.

Porto, M., & Byram, M. (2015) A curriculum for action in the community and intercultural citizenship in higher education. *Language, Culture and Curriculum,* 28(3), 226-242.

Scarino, A. (2010) Assessing intercultural capability in learning languages: A renewed understanding of language, culture, learning, and the nature of assessment. *The Modern Language Journal*, 94(2), 324-329.

Schulz, R. A., Lalande, J. F., Dykstra-Pruim, P., Zimmer-Loew, H., & James, C. J. (2005) In pursuit of cultural competence in the German language classroom: Recommendations of the AATG Task Force on the Teaching of Culture. *Die Unterrichtspraxis/Teaching German*, 38(2), 172-181.

Senyshyn, R. M. (2018) Teaching for transformation: Converting the intercultural experience of preservice teachers into intercultural learning. *Intercultural Education*, 29(2), 163-184.

Senyshyn, R. M., & Chamberlin-Quinlisk, C. (2009) Assessing effective partnerships in intercultural education: Transformative learning as a tool for evaluation. *Communication Teacher*, 23(4), 167-178.

Sercu, L. (2005) *Foreign language teachers and intercultural competence: An international investigation.* Clevedon, UK: Multilingual Matters.

————— (2006) The foreign language and intercultural competence teacher: The acquisition of a new professional identity. *Intercultural Education*, 17(1), 55-72.

Tomaš, Z., Farrelly, R., & Haslam, M. (2008) Designing and implementing the TESOL teaching practicum abroad: Focus on interaction. *TESOL Quarterly*, 42(4), 660-664.

Toohey, K. (1998). "Breaking them up, taking them away": ESL students in Grade 1. *TESOL Quarterly*, 32(1), 61-84.

Walton, J., Priest, N., & Paradies, Y. (2013) Identifying and developing effective approaches to foster intercultural understanding in schools. *Intercultural education*, 24(3), 181-194.

Yang, C. C. R. (2011) Pre-service English teachers' perceptions of an overseas field experience programme. *Australian Journal of Teacher Education*, 36(3), 37-49.

Yashima, T., & Zenuk-Nishide, L. (2008) The impact of learning contexts on proficiency, attitudes, and L2 communication: Creating an imagined international community. *System*, 36(4), 566-585.

Section IV

言語習得

──社会的存在としての第二言語学習者──

Chapter **8**

社会的存在としての第二言語学習者
── CLIL 的要素を持った英語活動の理論と実践 ──

村野井 仁

は じ め に

　第二言語習得（second language acquisition，以下 SLA）に関わる研究には 2 つの目的があると考えられている．1 つは認知科学としてヒトが母語以外の言語を習得するという複雑な現象を記述し，説明すること，そしてもう 1 つは応用科学として外国語も含む第二言語指導・学習に応用可能な知見を見つけ出すことである（Spada & Lightbown 2002; 村野井 2006）．このように SLA 研究には重要な 2 つの役割があることを，筆者自身十分認識していたつもりであった．しかしながら，2011 年 3 月の東日本大震災を東北の地で経験した後，自分の研究が社会的に何の役にも立たないもののように感じ，研究が手につかない状態になってしまった時期があった．被災者支援のために直接働く多くの人たちを間近で見ながら，人の命に自分の仕事がどう関わり得るのか「問い直し」を迫られているように感じたことを覚えている．その後，しばらく時間がかかりはしたものの，学生たちとことばに関わるいくつかの活動を重ねることを通して，「問い直し」への答えが見えてきた．わかったのは，SLA 研究は命につながるということである．東日本大震災とそれに続く原発事故で思い知ったのは，言うまでもなく命のかけがえのなさである．

言語や文化を超えて人と人をつなぐ第二言語を身につけることは命を脅かすことに立ち向かうための土台であり，人々の共生を支える土台となる．やや大げさに聞こえるかもしれないが，そのような現象を研究対象とする SLA 研究も間違いなく人の共生，つまり命につながっている．全ての基礎科学・応用科学が人の幸せにつながっているように SLA 研究にも大切な意義がある．このあまりにも当たり前のことに改めて気づき，筆者の「問い直し」は終了した．

　このような経験をした筆者にとっては，近年，脚光を浴びているSLA への社会文化的なアプローチは様々な点で腑に落ちるところが多い．本章では社会文化理論に基づく SLA 研究の動向を概観し，筆者自身が実践してきた学習者を社会的存在としてとらえ第二言語能力の発達を促す英語活動を SLA 理論に沿って紹介する．

 第二言語習得研究の動向

　SLA 研究においては 2000 年代から社会文化的な要因を重視する傾向が強まってきている．これは 1980 年代以降 SLA 研究の主流であった認知心理学を基盤とした認知的 SLA モデルに対する批判から始まったと考えることができる．学習者のアイデンティティや環境等の社会的要因の影響をより重視する姿勢をもった研究の流れである．

（1）SLA 研究における社会的転換

　Block が 2003 年に著した本の書名 *Social turn in SLA* が端的に示すように，社会文化理論（sociocultural theory）に基づく SLA 研究

者たちは，それ以前の主流であった SLA 研究において，社会的な
要因が SLA に与える影響がほとんど考慮されていないことを批判
した（Block 2003; Lantolf & Pavlenko 2001）．批判の対象となった認知
的アプローチ（cognitive approach）では，気づき，理解，内在化，統
合（自動化）などの連続した認知プロセスによって第二言語発達を
線的に説明しており，これらの認知プロセスはインプット，インタ
ラクションそしてアウトプットによって促されると考えられている
（Ellis 2008; Gass 1988, 1997; 村野井 2006 等）．Block（2003）らは，この
ような認知的な見方では学習者を「情報処理装置」のような機械と
して扱うことになってしまうと指摘する．学習者を考えや感情を持
った人間として扱い，学習者が置かれた環境と個人の関係を考慮し，
個人の主体性（agency）をもっと重視すべきだという主張である．

　学習者の主体性を重視するという点において，以下の Ushioda
（2009）の見解は注目に値する．

　　… a focus on real persons, rather than on learners as
　　theoretical abstractions; a focus on the agency of the
　　individual person as a thinking, feeling human being, with an
　　identity, a personality, a unique history and background, a
　　person with goals, motives and intentions（Ushioda, 2009,
　　p.220）.

　SLA への社会文化的アプローチはその多くが心理学者ヴィゴツ
キーの考え方を基にしている．他者との対話の中で思考が形成され，
他者との協同を通して人間は発達していくという考え方である．学

びを促す際に学習者にとっての最近接発達領域（zone of proximal development）を見極めながら「足場掛け」（scaffolding）を行っていくことなど，SLA 研究及び外国語教育に多くの示唆を与えている（Lantolf & Thorne 2006）．この他，学習者と周囲の環境との関係を重視するアフォーダンス理論（van Lier 2000），学習者のアイデンティティを重視する理論（Norton 2013），そして学びを特定の社会的集団に個人が段階的に入っていく過程であるととらえる「実践の共同体」（communities of practice）など社会文化理論を基盤とした理論的枠組みも最近の SLA 研究に影響を及ぼしている（Wenger 1998）．

　第二言語学習動機づけに関する研究において近年注目を浴びている「理想的第二言語自己」（ideal L2 self）の考え方も社会的要因を重視していると考えることができる（Dörnyei & Ryan 2015）．学習者が心の中で描く第二言語使用者としての理想像と現実の自己との差を縮めようとする気持ちが動機づけにつながるとするこの考え方は，社会における自分の姿を中心に据えている点においてきわめて社会的なアプローチである．

　これらの社会文化的アプローチを採る SLA 研究者が共通して主張するのは，第二言語学習者を社会の中で生きる主体的な存在としてとらえることの重要性である．意思・思考・感情等を持った第二言語学習者が「社会的存在」（social agent）として，社会的に意味のある言語活動に他者と協同しながら取り組むときに第二言語能力が育つと考えることができる．

　SLA への社会文化的アプローチにおいて重視されている個人の主体性という観点は，現在日本の小学校・中学校・高等学校における教育で目指されている「主体的・対話的で深い学び」を促す授業

実践に結びつく点においても意義深い．児童生徒の考えや感情，人格等に結びつかない教育内容では学習者の主体性が育たないことを示唆していると言えよう．

（2）SLA への社会文化的アプローチと認知的アプローチの統合モデル

SLA 研究を進めるに当たって，学習者と社会の関係を重視した社会文化的アプローチが重要な観点を与えてくれるからといって，SLA の認知プロセスを重視した SLA モデルが全く意味を持たなくなったわけではないと筆者は考える．第二言語学習者の中間言語システムが発達する際の内的プロセスのモデルは，Gass（1988, 1997）などを中心として精緻化が進められてきた．複数の連続するプロセスがどのような要因によって促されるのかを実証的に検証していくアプローチは今後もさらに継続していく必要がある．筆者は SLA の体系性と多様性を明らかにしていくためには社会文化的アプローチと認知的アプローチを相互補完的に統合させていくことが求められていると考えている．その統合モデルの概要を図 8-1 として示したい．

図 8-1 が示すのは，第二言語学習者が，自らが暮らす集団・地域という社会の中で意味のある第二言語インプットを受け，他者とのインタラクションを重ねながら自らの中間言語システムを育て，社会的存在として自分の「声」をアウトプットするようになるプロセスの概略である．このプロセスには動機，言語適性，性格などの個人差を生み出す学習者要因が大きな影響を与える．さらに教室における第二言語指導はこのプロセスが促されるかどうかを左右する．

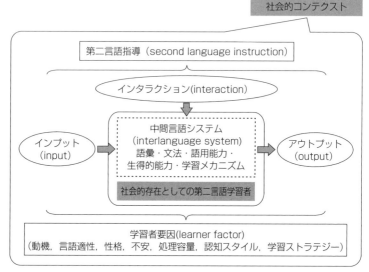

図 8-1　SLA の統合モデル

出所）白畑・若林・村野井 2010，p.120 を改編.

　第二言語学習者を社会的存在としてとらえることと SLA の認知プロセスを重視しながら中間言語システムの発達を見ていくことは相反するものではなく，SLA の総体を見る上で相互補完的に支え合うものであると筆者は考えている.

② 統合的 SLA モデルに基づく第二言語教室指導

　前節で提案した SLA の統合モデルに基づけば，SLA を促進するためには以下のような言語活動を教室で展開することが効果的であると考えることができる.

① 学習者が社会的存在として意味のある事柄について理解し，考える活動

② 学習者が社会的存在として自分の「声」を他者に伝える活動

③ 本物の内容について理解し，考え，伝え合う活動

④ SLA の認知プロセスを促す活動

このように言語活動の内容を重視し，学習者を社会的存在としてとらえて意味のある本物の学習を行うことによって第二言語能力を高めようとする第二言語指導アプローチの 1 つに CLIL (content and language integrated learning) がある．これは 1990 年代から特にヨーロッパにおいて開発されて，広まっている指導理念・学習理念である (Coyle, Hood & Marsh 2010; Mehistro, Marsh & Frigols 2009).

(1) CLIL

CLIL とは，内容と言語の効果的な学習と共に，学習者の学ぶ力，生きる力を育てようとする全人的な成長を図るものである．その展開においては多様な形態が実践されており，数年間のプログラムから数時間のプログラムまで，目的と学校及び学習者の状況に合わせて柔軟に展開することが可能である (Mehistro, et al. 2009; 村野井他 2012).

CLIL は以下の特徴を持つ (Mehistro, et al. 2009)：

① 複数の学習対象を持つ (Multiple focus)

② 安全で豊かな学習環境を作る (Safe and enriching learning

environment）

③ 本物の学習（Authenticity）

④ 能動的な学習を中心にする（Active learning）

⑤ 学習者に合せた支援（Scaffolding）

⑥ 他者との協力を大切にする（Co-operation）

「本物の学習」という観点が学習者を「社会的存在」としてとらえることにつながると考えることができる．学習者の興味・関心，知的レベルに合わせて，学習者にとって「意味のある」事柄を内容とすることが求められる．

　CLIL が育てるものは4つのCとしてまとめられている（Mehistro, et al. 2009; Coyle, et al. 2010）：Cognition（思考），Community/Culture（地域・社会/文化），Content（内容），Communication（言語）．「地域・社会」が4つの柱の1つとなっていることに注目したい．

（2）日本における CLIL 的英語活動の可能性

　CLIL の形態は多様であり，カリキュラム全体を CLIL にすることもあれば1単元あるいは1時限を CLIL として実施することも可能である．この点が学校全体の教育課程の大規模改定を必要とするイマージョン・プログラムと異なる点である．

　日本の英語教育においても様々な CLIL の実施形態が考えられる．以下では，検定教科書を利用した CLIL 的な英語授業，CLIL 的要素を持った文法指導及びプロジェクトによる CLIL 活動の3つを紹介する．

① 教科書の題材内容を重視した領域統合型英語授業

　日本の中学校・高等学校においてより日常的な形で CLIL の要素を取り入れた活動を実践する方法は，検定教科書の題材を重視して，内容に関する学びと言語学習を統合することである．教科書本文の読解を中心としながらも，聞くこと，話すこと（やり取り），話すこと（発表），読むこと，書くことの5領域の技能をバランスよく育てることをめざす領域統合型の英語授業である．まず，聞くこと及び読むことで社会的に意味のある題材内容について深く理解する．理解したことに基づきながら，その事柄について考えや意見を他者とのやり取りを通して深め，それを共有し，話すこと及び書くことによって伝え合う．この指導過程の概略は**図 8-2** によって示される．

　この枠組による英語授業では，教科書に書かれている内容に関して，英文を読んで理解して終わるのではなく，その内容についてど

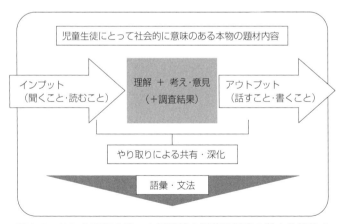

図 8-2　CLIL 的要素を持った領域統合型英語授業の基本的枠組み
出所）筆者作成.

う考え，どういう意見を持ったかを他者と共有する．さらに児童生徒がその事柄について「調べ活動」を行ってその結果も他者と共有することを目指している．これらの全て言語活動を支えるのは語彙と文法に関する深い理解とそれらを運用する技能である．語彙・文法はそれ自体をコンテクストから切り離して学習するのではなく，意味のある言語活動の中で学習するのが効果的であると予測するフォーカス・オン・フォームの理念も取り込んだ枠組になっている (Doughty & Williams, eds. 1998; Long 2015; 村野井 2006)．

　教科書の題材内容を重視した領域統合型英語授業の具体的な指導過程は図 8-3 のように示すことができる．

　図 8-3 に示した英語授業の指導過程は指導段階の名称である Presentation-Comprehension-Practice-Production の頭文字をとって PCPP と筆者が呼んでいるものである (村野井 2006)．インプット理解からアウトプット産出へ向けて段階的に言語活動をつないでいくもので，「気づき」，「理解」，「内在化」そして「統合」などの SLA の認知プロセスを促進するため，効果的であると推測している (Muranoi 2007)．このような流れで英語授業を展開することは CLIL や PCPP などという専門用語を使わずとも多くの英語教師によって実践されていることであろう．興味深いのは，CLIL の指導過程として Dale and Tanner (2012) が示す以下の CLIL 授業の流れと PCPP が似ていることである．

① Activating: 題材への導入，興味関心の喚起
② Guiding understanding：題材の理解
③ Focus on language：語彙・文法指導

④ Focus on speaking：口頭表現活動

⑤ Focus on writing：筆記表現活動

⑥ Assessment, review and feedback：評価・講評

　この類似は当然偶然によるものではなく，両者が言語習得のプロセスにそったものであることから生じていると考えられる．

図 8-3　CLIL 的要素を持った領域統合型英語授業の指導過程例

Presentation（提示・導入）
・Oral Introduction（題材への導入）
・新出語句の意味確認
・新出文法事項の導入

Comprehension（理解）
・リスニングによる本文理解
・黙読による読解活動（skimming－概要読み，scanning－情報検索読み，slash reading－構文解析読み，等）
・精読（内容理解，文法・語法確認）
・理解度チェック（T/F など）

Practice（練習）
・音読（chorus reading, buzz reading, read and look-up, parallel reading, shadowing 等）
・（目標文法事項のドリル）

Production（表現）
・Reproduction（再生型アウトプット活動：story retelling, oral summarizing, summarizing, dictogloss）
・Project-type task（プロジェクト型タスク・調べ活動）

出所）筆者作成.

　このような流れの授業において，児童生徒の興味関心をかき立て，深い思考を促すために最も大切なのは題材内容である．身近なこと，自分を取り巻く社会・世界の様々なことがらについて知識を得，自分の価値観を広げていくような本物の学びを英語の授業で成立させるためには，心に届く本物の題材が必要となる．最近の中学・高等学校用の英語教科書には CLIL 的な活動がやり易いテーマが数多く扱われている．一例として筆者が編集代表として関わっている高等学校用「コミュニケーション英語 II」(*Genius English Communication II*) で扱う題材の中から，CLIL 的活動に向いていると思われるものを以下に列記する.

① Lesson 1 : *Hanamizuki*（一青窈が歌うハナミズキが 9.11 テロ追悼の歌で平和への祈りの歌であるという話）

② Lesson 4 : Ahmed's Gift of Life（子どもをイスラエル兵に殺されたパレスチナ人の父親が，子どもの臓器をイスラエル人に提供する話）

③ Lesson 5 : The World of Miyazawa Kenji is Our World（「世界がぜんたい幸福にならないうちは個人の幸せあり得ない」という宮沢賢治の世界観）

④ Lesson 6 : Dick Bruna（ミッフィーの作者ディック・ブルーナーの創作方法及び偏見，差別，震災に関する作品についての話）

⑤ Lesson 9 : Justice with Michael Sandel（サンデル教授の白熱教室．教育，出生前性別診断，災害における公務員の職務に関する対話）

⑥ Lesson 10 : Donald Woods（南アフリカのアパルトヘイトと戦ったジャーナリスト，ドナルド・ウッズの話）

　平和・戦争，イスラエル・パレスチナ紛争，臓器移植，格差，差別，震災などのテーマに関して，英語で理解を深め，考え，伝え合うことは日本の多くの高校生には難しいことのように思えるが，数多くの英語教師が段階を踏んで足場架けをし，生徒の背中を押しながら，「社会的存在」として生徒たちが本物の声を英語で出すことを促している．

② CLIL 的要素を持った領域統合型文法指導

　特定の文法項目などの言語形式を学習対象とした英語授業においても，CLIL 的活動は可能である．文法をコンテクストから切り離して単文単位で学習するのではなく，コンテクストの中で文法事項の形式 – 意味 – 機能のつながりを理解し，言語使用を重ねることによって言語知識の自動化というプロセスを促すような文法学習・文法指導が求められる．

　このような文法指導の理念を実現するための指導手順として有効であると考えられるのが，Harmer が示す Engage-Study-Activate/ESA 指導過程である．ESA には以下の 3 つの段階（phase）がある（Harmer 2015）．

　　① Engage：関わる・興味を持つ
　　② Study：調べる
　　③ Activate：活用する

　第 1 段階 Engage では，教師には生徒の関心を高め，感情に訴えかけるような手立てが求められる．目標文法項目を組み込みながら，

教師が意味のあるプレゼンテーションを行う指導技術（oral introduction）が有効である．例えば，教師がマララ・ヤスフザイ氏や杉原千畝氏などの Hero を関係代名詞を用いながら口頭で紹介する活動である．

第2段階では，言語形式，構造を調べ，その形式がどんな意味を持ち，どんな機能を果たすのかを生徒が理解することを促す．関係代名詞の例で言えば，制限用法の関係代名詞の形と意味を教えた後，人や物を特定化し，詳しく説明・記述する機能を持つことを把握させる指導が求められる．機械的なものではなく，意味のある文型練習を行うこともこの段階で重要な活動となる．

第3段階では，学習者に言語使用の機会を与え，習得した言語知識を活用する機会を作ることが中心となる．何らかの課題解決活動になるコミュニケーション・タスクも有効であるが，グループでの協同作業によるプロジェクト活動は現実感が高いため「活用」の意識が強くなるという利点がある．地域のヒーローについて調べ活動を行い，その結果をポスターにまとめプレゼンテーションで紹介するなどの活動は目に見える成果物（ポスター，成果物等）が残るため，達成感を認識しやすい．

③ プロジェクト活動による CLIL

何らかの成果物を生み出すことを目的として行うプロジェクト活動も CLIL の枠組みになる．ここでは，筆者が東日本大震災の後，学生たちと行ったプロジェクト活動について報告したい．本章の「はじめ」に書いた，SLA が命につながっていることを筆者に再認識させてくれた活動である．

　東日本大震災の直後の4月下旬，地元の新聞社から筆者の勤務校に依頼が飛び込んできた．仙台にある河北新報社が震災直後に発行した写真集『特別報道写真集巨大津波が襲った3.11大震災』を英語訳してほしいという依頼であった．当時大学には災害ボランティア・ステーションが発足し，津波被害の大きかった沿岸部に学生・教職員をボランティアとして派遣する体制が動き出していた．3月末に発足して以来，ボランティアの作業内容は「瓦礫撤去」と「避難所手伝い」のみであったが，新聞社からの依頼があり，始めて「日英翻訳補助」という仕事が加わった．英文学科の学生を中心に20名の学生が集まり，写真集に書かれた130の文字キャプションを日本語から英語に直す作業を行った．**表8-1**はその作業で用いたシートの1部である．

　写真を見ながら，そこに記されているキャプションを英語に直すという単純なプロジェクトではあったが，参加した学生たちはこの写真集を英語に翻訳することの意味を感じ，吸い付けられるように英語に取り組んでいた．和英辞典だけでは適切な表現が見つけられず，アルクの「英辞郎」を用いて報道記事で過去に使われた語句（壊滅，避難，原発事故，瓦礫等）を拾い，3，4人のグループを作って分担しながら作業を進めた．2日間で学生たちは分担したすべての下訳を終え，英語母語話者のチェックを経て5月初旬に完成原稿を出版社に届けることとなった．悲惨な被害状況を表す写真を見ながら作業を進める中で学生たちは自分たちが取り組んでいる活動の意味を把握していたと思われる．作業が終了したときに一人の学生が発したことば，「英語やってきてよかった」，この一言がそれを表している．筆者はこの翻訳プロジェクト中の学生たちの英語に対す

表 8-1   写真集『特別報道写真集巨大津波が襲った 3.11 大震災』翻訳作業シート（一部）

Page	日本語解説	英語訳
表紙 (9)	市街地に折り重なるように打ち上げられた漁船．津波の威力を物語る＝3 月 12 日午前 8 時 40 分ごろ，気仙沼市鹿折	Scattered fishing boats litter the town of Shishiori, Kesennuma City: a testament to the power of the tsunami (March 12, 8:40 am).
3	津波で壊滅的な被害を受けた宮城県南三陸町志津川の中心部＝12 日午前 11 時 20 分ごろ	the downtown area of Shizugawa reduced to rubble by the tsunmai, Minami-Sanriku-cho, Miyagi Prefecture (March 12, 11:20 pm).
11	大津波が宮古市を襲った瞬間．車はいとも簡単に国道 106 号線に打ち寄せられた＝11 日午後 3 時 25 分ごろ，宮古市新川町（宮古市職員提供）	Cars being swept towards Route 106 as the massive tsunami assaults Shinkawa-cho, Miyako City (March 11, 3:25 pm) (photo taken by an public worker of Miyako City).
15	滑走路に津波が押し寄せた仙台空港．無数の車や粉砕された家屋，小型機も流され，一面残骸の海原となった．写真奥は旅客ターミナルビル＝11 日午後 4 時ごろ，岩沼市	The runway of Sendai Airport littered with the debris of cars, planes and houses as a result of the tsunami, Iwanuma City (March 11, 4:00 pm).
16	町中心部に後方から津波が迫る	The tsunami approaching from the rear of the city.

出所）筆者作成.

る姿勢を忘れることができない．中身が本物のとき，学習者は本気で活動する．このことに気づかされたと思っている．

　もう 1 つのプロジェクトについて報告したい．東日本大震災から 2 年後の 2013 年に福島原発事故の影響を強く受けた福島県浪江町の若者の声を集め，英語にして海外の人たちに伝えようというプロジェクトを行った．原発事故から 2 年が経ち，原発事故についての報道もほとんど耳にしなくなった頃であったため，筆者のゼミに所

属している浪江町出身の学生が中心となって，福島の若者がどんなことを考え，どんな気持ちでいるのかを伝える声をできるだけ多く集め，それを英語にして伝えようというプロジェクトであった．プロジェクトの名称は Voices from Fukushima 2013 というものであった．[1] 表 8-2 はその一部である．

このプロジェクトでは，原発事故で大きく自分の生活が変わってしまった若者たちの声を受け止め，それを正確に英語にして，福島で起きていることに関心を持つできるだけ多くの海外の人たちに伝えることが課題であった．

表 8-2　Voices from Fukushima 2013（一部）

【20 歳代女性】	I am a student majoring in nursing at a
私は福島の看護学生です．原発事故があり，帰る家が無くなりました．原発事故がある前は地元の医療に貢献したいと思い，看護学生として勉学に励んできました．原発事故後も福島に対する思いは変わらず，むしろギリギリの状態で医療を展開している福島の力に少しでもなりたいと思っていました．しかし私の親は私に「自分の体も大切だよ」と言い，福島で働く事に対し反対しています．放射能と言う目に見えない危険がいつも私の生活に存在しているのです．私自身いくら専門家や政府が大丈夫だと言っても，どうしても信じきれない部分がありますし，親の言い分も十分理解できます．（後略）（2013 年 4 月 10 日）	university in Fukushima. I can't go back to my hometown due to the serious nuclear accident. I have been studying hard as a nursing student because I want to make a contribution to my hometown as a nurse. My desire to contribute to Fukushima remains unchanged. I want to help people in Fukushima as much as I can because all medical personnel in Fukushima have been making a full effort to provide proper health-care under severe conditions. However, my parents are opposed to my plan to work as a nurse in Fukushima. They are concerned about my health. Radioactivity, an invisible danger, is now an inescapable part of our lives. Even if medical professionals and the government say that there is no problem, I don't believe them. So, I can understand my parents' worries.

【20歳代男性】 　私はあの地震で改めて自分の人生を見つめ直すことができました. あの日から私の人生は良い方向に大きく変わりました. 　福島第一原子力発電所五号機で地震を体で感じ, そして生かされたことに感謝することもできました. あのあとすぐに退職し, 今は夢であった保育園で仕事をしています. 　生かされた命だからこそ私にできることは沢山ある. どんな荒波をも越えて大勢の仲間と夢を叶えていきたい. 私は, あの日を忘れることはないでしょう. （2013年4月15日）	The earthquake gave me a new perspective on life. Believe it or not, since that day, my life has actually changed for the better. 　On the day of the earthquake, I was working at the fifth reactor of Fukushima No.1 Nuclear power plant. It was there I felt the massive shaking. I am truly thankful to be alive. Soon after the nuclear accident, I quit my job. Now I work at a day-care center. Working with small children was always my dream. 　I have a lot of things to do as a survivor. No matter how difficult the struggle, I will work to achieve my dreams with the help and support of my friends. But I will never forget that day.
【20歳代女性】 福島の野菜は捨てられ, 避難中も福島のナンバープレートであるから車を傷つけた人もたくさん居ます. 福島と言うだけで診察さえしてもらえなかった人もいます. 私達が育った大好きな町, 今でも大好きな町, どんどん変わってしまっています. 大好きな町のために正しい情報を私達が発信していかなければならないと思っています. （2013年5月21日）	As a result of the nuclear disaster, massive quantities of vegetables produced in Fukushima have had to be dumped. I have also heard of heartless people who have vandalized cars with Fukushima license plates. Some people have even been turned away from clinics and refused medical service just because they were from Fukushima. I love the town where I grew up. I still love it. However, it is no longer what it used to be. We need to provide the world with accurate information about the situation if we want to save our hometown.

出所）筆者作成.

　プロジェクトを通して参加学生が何を学び，何を感じたのかを把握するために記述式アンケート調査を行った．「同世代の人たちのメッセージからあなたは何を学びましたか」の項目に対して，参加した学生からは，以下のような感想が書き込まれていた．

　①　今あるもの，家族や友人，環境がいかに当たり前ではなく，大切であるかを痛感しました．失って気づくのは手遅れだとわかっていても，結局私はいつも失ってから大切さに気づいていました．同世代の彼らがそれを身をもって体験し，我々に伝えてくれたのだと思います．彼らは私の何倍も環境や一日を大切に生きているし，その姿勢を見習いたいと思いました．

　②　全てのメッセージから“心の声”というものが伝わってきました．将来福島に帰って地元に貢献するべきなのか，それとも放射能という見えない危険にいつもおびえながら生活するならば安全な地で暮らしていくべきなのか，将来について悩んでいる人がたくさんいると改めて感じました．（中略）早く社会に貢献していきたいと思いました．

　プロジェクトに参加した学生たちは，原発事故の被害を受けた同世代の若者たちの経験を文字ではあるけれど直接読み，生まれ育った場所を追われることのつらさ，放射能に脅かされることの怖さなど，マスコミから伝わる情報とは全く質の違う声を聴き，共感することができたのだと思う．

　事後アンケートからは，このような形で英語を使うことに対して

以下のような意見が寄せられた.

① このプロジェクトに少しでも関わることができて嬉しかっ
たと同時に，英語をやってきて本当によかったと強く感じま
した．さらに英語力を高めたいと思いました.

② 作業してみて，今まで机の上で勉強しているだけだった英
語を他国の人とつながるための言葉として使えていることを
実感した.

③ 自分の英語への取組の意識が高まった．「出来ない」だけで
なく「出来る」があったからもっとできるようになりたいと
思った.

　これらの記述からは，社会的に意味のある言語活動に関わること
によって学習者の内発的動機，特に内発的動機を構成すると考えら
れている達成感及び有能性が高められることがわかる.
　言語習得に関しても，このプロジェクトに取り組む前には習得が
不十分であった文法と語句について，事前・事後テスト法で効果を
検証した．調査対象とした文法は，メッセージの中に繰り返し出現
する「仮定法過去完了」(I have wished many times that the earthquake
and the nuclear accident had never occurred.) とした．語句についても
メッセージに高い頻度で含まれていた「東日本大震災」，「被災者」,
「原子力発電所」，「福島第一原発」，「原発事故」，「放射線量」，「避
難者」，「非難する」，「復興」，「貢献する」を調査対象とした．参加
者数が 16 名と少数であったため，ノン・パラメトリック法 (Wilcoxon
sign rank order) で事後テストと事前テストの間の得点に有意な差が

あるかどうかを調査した結果，語彙と文法それぞれに事後テストの得点が有意に高いことが分かった（語彙項目：z = 3.52, p = .000; 文法項目 z = 3.44, p = .001）．効果量（r）はそれぞれ 0.63，0.61 で効果量大であった．つまり，このプロジェクトに取り組んだことにより，上記の文法項目と語彙項目に関して参加者の習得は促されたと考えることができる（村野井 2015）.

　このように本物の内容に関するプロジェクト活動は，内発的動機を高める点においても言語習得を促す点においても影響力を持つことがわかる．プロジェクトを指導した教員としてはっきりと認識できたことは，第二言語が人と人をつなぐと感じられたとき学習者は本気で第二言語を使おうとし，その結果，ことばは学習者に染み込むということである．その場合，学習者はもはや学習者という身分ではなく，社会的存在としての言語使用者（user）になっている．

お わ り に

　本章では，第二言語学習者を社会の中で生きる主体的な存在としてとらえることが重要であり，意思・思考・感情等を持った第二言語学習者が「社会的存在」（social agent）として社会的に意味のある言語活動に他者と協同しながら取り組むときに第二言語能力が育つことを示してきた．本物の題材に関して学習者が自分の問題として取り組む環境を指導者が整えたとき，学習者は社会的存在となり，SLA が促されることを CLIL 的な要素を持った英語指導実践例とともに論じてきた.

　SLA 研究が進めば進むほど，より効果的な第二言語指導法のあ

り方が明らかになってくる．このような理論と実践の相互作用によって，異文化間の対話に必須となる第二言語能力の身に付け方がよりはっきりと見えてくる．SLA研究も外国語教育も異なる者同士の共生につながる大切な営みであることを本章で再確認させていただいた．

注

1）Voices from Fukushima 2013 プロジェクトは平成24〜26年度科学研究費補助金基盤研究C（24520641）の助成を受けて行ったものである．

参考文献

Block, D.（2003）*The social turn in second language acquisition.* Georgetown University Press.

Coyle, D., Hood, P., & Marsh, D.（2010）*CLIL: Content and language integrated learning.* Cambridge University Press.

Dale, L. & Tanner, R.（2012）*CLIL activities: A resource for subject and language teachers.* Cambridge University Press.

Dörnyei, Z. & Ryan, S.（2015）*The psychology of the language learner Revisited.* Routledge.

Doughty, C.J. & Williams, J.（1998）（Eds.）. *Focus on form in classroom second language acquisition.* Cambridge University Press.

Ellis, R.（2008）*The study of second language acquisition (2nd ed.).* Oxford University Press.

Gass, S.（1988）Integrating research areas: A framework for second language studies. *Applied Linguistics, 9,* 198-217.

──── （1997）*Input, Interaction, and the second language learner.* Lawrence Erlbaum Associates.

Harmer, J.（2015）*The practice of English language teaching (5th ed.).* Longman.

Lantlof, J. & Pavlenko, A.（2010）(S)econd (L)anguage (A)ctivity theory: understanding second language learners as people. In M. Breen（Ed.）,

Learner contributions to language learning (pp. 141-42). Longman.

Lantolf, J. & Thorne, S. (2006) *Sociocultural theory and the genesis of second language development.* Oxford University Press.

Long, M. (2015) *Second language acquisition and task-based language teaching.* Blackwell.

Mehisto, P., Marsh, D. & Jesus Frigols, M. (2009) *Uncovering CLIL.* Macmillan.

Muranoi, H. (2007) Output practice in the L2 classroom. In R. DeKeyser (Ed.), *Practice in a second language: Perspectives from applied linguistics and cognitive psychology* (pp. 51-84). Cambridge University Press.

Norton, B. (2013) *Identity and language learning.* Multilingual Matters.

Spada, N. & Lightbown, P. (2002) Second language acquisition. In N. Schimitt, (Ed.), *An introduction to applied linguistics* (pp. 115-132). Arnold.

Ushioda, E. (2009) A person-in-context relational view of emergent motivation, self and identity. In Z. Dornyei & E. Ushioda (eds.), *Motivation, language identity and the L2 self* (pp. 214-228). Multilingual Matters.

van Lier, L. (2000) From input to affordance: Social-interactive learning from an ecological perspective. In J. Lantolf (ed.), *Sociocultural theory and second language learning* (pp. 245-259). Oxford University Press.

Wenger, E. (1998) *Communities of practice: Learning, meaning, and identity.* Cambridge University Press.

白畑知彦・若林茂則・村野井仁 (2010)『詳説 第二言語習得研究』研究社.

村野井仁 (2006)『第二言語習得研究から見た効果的な英語学習法・指導法』大修館書店.

村野井仁・渡部良典・尾関直子・冨田祐一 (2012)『統合的英語科教育法』成美堂.

村野井仁 (2015)「CLIL と文法指導の融合による英語運用能力の伸長」2012－2014 科研費助成事業成果報告書.

Chapter
9

スタディー・アブロード環境における
第二言語語用論的能力の習得

髙橋里美

は じ め に

　第二言語習得を「社会」との接点で考える必要性が高まっている．
いわゆる「第二言語習得におけるソーシャル・ターン」の流れであ
る（Block 2003）．この新しいパラダイムは，言語習得を社会という
コンテクストにおいて捉える立場をとり，言語習得を個人の認知的
現象として外的要因から切り離して説明しようとする認知的アプロ
ーチの主張に対抗するものである．このパラダイムシフトを受け，
近年活発に行われている研究がスタディー・アブロード（留学）
（study abroad: SA，以下ＳＡ）の環境における言語習得研究である．
実際，第二言語習得研究における国際的学術雑誌である *Studies in
Second Language Acquisition (SSLA)* の第 26 巻第 2 号（2004 年）で
は，ＳＡ環境に焦点を当てた「学習コンテクストとその第二言語習
得に及ぼす効果」に関する特集が組まれている．2006 年には，
Margaret DuFon と Eton Churchill が編集した *Language Learners
in Study Abroad Contexts* というＳＡ研究に特化した書籍が刊行さ
れている．同書籍では，第二言語語用論的能力——第二言語による
コミュニケーションにおいて場面に適切な言語形式を産出・理解す
る能力—の習得に焦点が当てられているが，ＳＡ環境が実際に目標

言語を使用して社会生活を営む機会を提供していることを考えると，語用論的能力がどの程度当該環境において習得可能であるかを探る研究に関心が向くのは自然な流れであろう．これ以降，ＳＡ環境における第二言語語用論的能力の習得に関する研究が飛躍的に増え，その研究成果は，語用論レベルだけでなく，音韻・語彙・文法などのレベルも含めた第二言語習得全般に対して大きな示唆を与えている．本章では，第二言語語用論的能力の習得におけるＳＡ環境の役割を確認するべく，先行研究の成果を基に，同環境での学習効果とそれに関連する影響要因の特質を探っていく．

　上述の目的を達成するために，次節では，まず第二言語習得全般を視野に入れ，ＳＡ環境が言語習得に対して及ぼす効果についてこれまでに判明している点を概観する．その後，第二言語語用論に焦点を当て，主な研究成果について具体的な事例を紹介していく．さらに，考察においては，ＳＡ環境における言語学習と「指導」との関係を模索し，今後の研究課題へとつなげていく．

1　ＳＡ研究──概観──

（1）言語学習とＳＡ

　ＳＡ環境での学習効果検証研究の成果を概観するに先立ち，まずＳＡ研究の学習コンテクスト研究における立ち位置を確認すると同時に，ＳＡとは具体的にどのような状況を指すのかを押さえておきたい．学習コンテクストの研究については，伝統的には，目標言語が教室外でコミュニケーションの手段として使われている「第二言語学習環境」と，目標言語が教室外の社会生活では使われていない

「外国語学習環境」との対比が中心であった．しかし，2004年の
SSLA の特集号では，別の切り口で学習コンテクストを分類し，次
の３つを提示している：言語形式の習得を中心とする教室内学習
(外国語学習環境)，イマージョン学習（外国語学習環境)，ＳＡ学習（第
二言語学習環境) (Collentine & Freed 2004)．すなわち，ＳＡだけが第
二言語学習環境における学習状況であり，目標言語のインプットを
最大限に受け，目標言語を最大限に使える状況ということになる．
また，多くの場合，ここに留学プログラム（事前・留学中・事後プログ
ラム）といった留学カリキュラム全般に関わる事象が関係し，ＳＡ
における学習環境を形成している (Pérez-Vidal 2014)．

（２）ＳＡ実証研究の成果

　ＳＡというコンテクストの特質を理解した上で，では，具体的な
ＳＡ研究の課題としてはどのようなものが設定されているのだろう
か．今回対象とした先行研究論文のほぼすべての冒頭で提示されて
いる疑問は，「ＳＡ環境では，インプットやアウトプットなどの機
会が最大限に保証され，高いレベルの第二言語習得が可能と言われ
ているが，本当にそうなのであろうか」というものである．前項で
も言及したように，理論的には，ＳＡは教室学習環境よりもインプ
ットを受ける機会およびアウトプットする機会は確かに多いと言え
る．しかし，「現実にはそうではなく，習得の個人差が顕著である」
という研究結果が累積的に報告されている．このような結果を受け，
さらなる調査が行われ，当該現象を引き起こす要因の模索が続けら
れてきた．以下に，ＳＡ環境における第二言語学習の効果について，
これまでの研究の主な結果をまとめてみる．

① ＳＡ環境での学習は概して効果があるが，特に非ＳＡ環境
　での教室内言語学習（at home: 以下，ＡＨ）と比較すると，そ
　の効果の優位性が顕著に認められる．しかし，目標言語の母
　語話者（native speaker: NS, 以下，ＮＳ）と同等のレベルに到達
　するのは難しい（Félix-Brasdefer & Hasler-Barker 2015; Schauer
　2007, 2008[1]）．

② ＳＡ環境での学習効果は対象項目によって異なる．例えば，
　文法項目の習得についてはＡＨ環境の方が効果的である場合
　が多い（Churchill & DuFon 2006; Pérez-Vidal 2014）が，慣用句
　の習得はＳＡ環境の方が圧倒的に有利である（Bardovi-Harlig
　& Bastos 2011; Taguchi 2013）．また，ＳＡ環境においては，概
　してスピーキング能力が飛躍的に伸びるが，正確さより流暢
　さの向上が期待できる（Churchill & DuFon 2006）．

③ ＳＡ環境において高い学習効果をあげるためには，ＳＡ開
　始時にある程度の目標言語における高い習熟度を達成してい
　る必要がある．また，そのような高い習熟度を得るために，
　ＳＡ開始前の教室内学習は重要である（DeKeyser 2007; Li
　2014; Pérez-Vidal 2014; Taguchi 2011）．

④ ＳＡ環境における目標言語との接触（exposure）（ＮＳとの関わ
　り（contact）を含む）は重要である．特にインプットやアウト
　プットの質の高さを決定づけているのはＮＳとのインタラク
　ションの密度（intensity of interaction）である（Bardovi-Harlig &
　Bastos 2011; Isabelli-Garcia, 2006[2]）．この接触のプロセスを通し
　て目標言語の具体的事例を観察することで習得が進む
　（Matsumura 2003; Schauer 2008; Taguchi 2008）．

⑤ ＳＡ環境における目標言語との接触の度合いは個人差が大きい．特に，目標言語の習得に対する動機づけや目標言語のＮＳ集団に対する態度，学習者信条，学習者自身が自覚している習熟度 (perceived competence)，自信，社会文化的適応力が社会ネットワークの構築に深く関わっている (Isabelli-García 2006; Kinginger 2008).

⑥ 概してＳＡ環境における滞在期間の影響はない．より長く滞在していればそれだけ効果が期待できるということではない (Alcón-Soler 2015; Bardovi-Harlig & Bastos, 2011)[3].

⑦ ＳＡ環境においても明示的な指導とプラクティスは必要であり，より効果的な習得に繋がる (DeKeyser 2007; Shively 2011).

次節では，第二言語語用論研究に焦点を当て，ＳＡ環境における学習効果（上記①に関連）とその影響要因（上記③・④・⑤に関連）についての検証事例の一部を紹介する．

2 ＳＡと第二言語語用論的能力の習得

（1）ＳＡ学習環境の優位性

第二言語語用論の領域で対象とする項目の大半は発話行為 (speech acts) もしくは語用論的慣用句 (pragmatic routines) である．発話行為とは，「発話を産出することで遂行される行為」で，依頼・陳謝・断り・感謝・賛辞などがある．これらの対象項目の習得がＳＡ環境下で促進されるのかどうかについて，これまで多角的な研究が行われてきた（例：Alcón-Soler 2015; Bardovi-Harlig & Bastos 2011; Barron

2003; Félix-Brasdefer & Hasler-Barker 2015; Hassall 2013; Kinginger 2008; Li 2014; Matsumura 2003; Schauer 2007 2008; Shively 2011; Taguchi 2008, 2011, 2013). これらの研究の結論としては，学習者はＳＡ環境で第二言語語用論的能力を向上させることができるというものである．しかし，その多くはＳＡというコンテクストのみにおける調査に終始しており，統制群を置いた体系的な効果検証を実践している研究，すなわち異なるコンテクスト間の比較に焦点を置いた研究は限定的である．本項では，ＳＡ環境とＡＨ環境およびＮＳグループを比較した研究として Schauer（2008）と Félix-Brasdefer & Hasler-Barker（2015）を紹介する．これにより，ＳＡ環境の優位性を確認したい．

　Schauer（2008）は「ＳＡとＡＨの比較」という試みにあたり，依頼表現の習得に着目し，間接さを基準とした依頼ストラテジー（直接依頼，慣習的間接依頼，間接依頼）について，学習者が依頼の相手の地位・依頼の負担度に応じて使い分けることができるかどうかを検証した．当該研究のＳＡ環境の被験者はドイツ語を母語としている大学生９人で，１年間英国の大学で第二言語としての英語を学んだ．一方，ＡＨ環境の被験者13人はドイツ国内で同期間英語学習を続けた．これらの学習者に加えて，規範データ提供者としてイギリス英語のＮＳ15人が参加した．マルチメディア・タスクを通して３回に渡って被験者から収集した口頭表現データを量的に分析した結果，ＳＡ学習者はＮＳと同程度・同種類のストラテジー（特に，慣習的間接依頼表現）を使用できるようになったが，ＡＨ学習者は一部の慣習的間接依頼表現（"Can you~?" や "Will you~?" など）の使用に留まっていることが判明した．Schauer は，これらの結果の説明として，ＡＨ学習者は文法的に正確な表現を産出することに専念する

あまり，社会状況に適切な表現方法には関心が向かないが，ＳＡ学
習者の場合は日常生活で目標言語を使わざるを得ない状況に置かれ
ているため，時と場所に合った表現方法の習得を重視しているのだ
ろうと考察している．

　Félix-Brasdefer & Hasler-Barker（2015）における「ＳＡとＡＨ
の比較」研究では，第二言語としてのスペイン語による賛辞の習得
を扱っている．ＳＡグループの被験者は英語を母語とするアメリカ
人大学生 25 名で，8 週間メキシコに滞在し，スペイン語による専
門教科の授業を受けた．ＡＨグループは英語を母語とするアメリカ
人大学生 12 名から成り，米国でスペイン語による専門教科を 8 週
間に渡り履修した．被験者として，この他にスペイン語を母語とす
るメキシコ人大学生 15 名と英語を母語とするアメリカ人大学生 15
名が規範データ提供者として参加した．賛辞表現のデータは，ＳＡ
開始時と終了時に実施された口頭談話完成タスクを通して収集され
た．結果としては，ＳＡグループはＮＳの表現方法に近い賛辞を実
現しているものの，一部に母語の影響が見られた．また，ＳＡ学習
者の一部は帰国後も 4 カ月間に渡り学習効果を維持していた．これ
に対し，ＡＨグループには賛辞における語用論的能力の伸びが確認
できなかったという．さらに興味深い特徴としては，ＳＡ学習者か
らのデータを詳細に分析した結果，個人差が顕著に確認され，特に
ＮＳとのインタラクションの密度が高い学習者ほど習得の度合いが
高いという傾向が表れた．

　以上，ＳＡとＡＨの比較研究において，ＳＡの学習効果における
優位性は明確である．一方で，ＳＡ環境においてすべての学習者が
同等レベルの語用論的能力の習得を達成しているわけではなく，ま

た，概してＮＳレベルの習得は難しいことも判明している．先にも述べたとおり，ＳＡはＡＨよりもインプットを受ける機会およびアウトプットする機会ははるかに多い．しかし，ＳＡ学習者全員がこれらの機会を十二分に活用しているわけではなく，これがＳＡコンテクストにおける習得に個人差を生じさせていると結論づける研究は多い．次項以降，ＳＡ環境における学習に影響を及ぼす要因について探っていく．

（２）ＳＡ学習における影響要因 ①：目標言語習熟度と目標言語との接触度

　ＳＡ環境での第二言語語用論的能力の習得に関しては，目標言語の習熟度——文法・語彙能力などの言語学的知識の習得度——および目標言語との接触度に焦点を当てた研究が多い．ここでは，興味深い結論を導き出した５つの研究について，その概略を述べる．

　Matsumura（2003）では，交換留学プログラムを通してカナダの大学に在学している日本人英語学習者137人に，英語による助言表現の社会コンテクストにおける適切さを判定させ，さらに現地でのＮＳ英語との接触の度合いを報告させた．構造方程式モデルの手法を用いてデータを解析したところ，高い英語習熟度のみが語用論的能力の習得を可能にするのではなく，むしろ高い習熟度を持つ故に英語との接触度合いが高まることが対象項目の習得に繋がると結論づけた．Matsumura によれば，習熟度は間接的に助言表現の習得に関与し，直接的な要因は接触度であるという．これは，カナダに出発以前に（日本で）既に高い英語習熟度を達成している学習者は，ＳＡ環境でＮＳとの接触を積極的に求め，その結果，語用論的能力

が向上するという解釈である．このことから，ある程度の高い習熟
度をＡＨ環境下で達成しておくことがＳＡで成功する条件であるこ
とがわかる．

　習熟度の役割を集中的に検証する試みとして，Taguchi（2011,
2013）の習熟度とＳＡ経験の有無の関係を探った研究は，語用論的
能力の習得に習熟度が確かに影響を及ぼしていることを示している．
日本人英語学習者 64 人が３つのグループ（低い習熟度＋ＳＡ経験なし，
高い習熟度＋ＳＡ経験なし，高い習熟度＋ＳＡ経験あり）に分かれて参加し
た．2011 年の研究では会話の含意の理解における正確さと反応速
度を測定した．2013 年の研究では，語用論的慣用句（例：I'm just
looking［ショッピングにて］）の産出に際しての表現の適切さ，流暢さ，
（使う表現について産出前に思案する）プランニングの速度のそれぞれに習
熟度がどの程度影響を及ぼしているのかを調査した．結果としては，
より高い習熟度が反応速度（理解）と流暢さ（産出）の向上に寄与し
ていることが明らかとなった．なお，Taguchi の研究は，調査時に
ＳＡ環境にいる被験者から得たデータを分析しているのではない点
に留意すべきである．この点を実験デザイン上改善したのが Li
（2014）である．基本的に Taguchi（2013）のデザインを踏襲してい
るが，Li はＳＡ環境で中国語を第二言語として学習中のアメリカ
人学生 31 人から収集した依頼表現の産出データを分析している．
同研究においても Taguchi と同様の結果が得られたが，習熟度が
高い学習者がより流暢に依頼表現を産出している状況については，
これらの学習者がＳＡ開始時に既に高い習熟度と語用論レベルの知
識があったため，ＳＡ期間中には流暢さを増すことのみに専念でき
たからではないかと考察している．ＳＡ開始以前の習熟度の向上の

重要性がこの研究からも示唆されている.

　Taguchi（2011, 2013）と Li（2014）では，限定的ではあるが習熟度のＳＡ学習へのプラスの影響が確認できたが，Bardovi-Harlig & Bastos（2011）の米国在住の英語学習者122人による慣習的表現（conventional expressions）の習得に関する研究も，習熟度の限定的な影響を報告している．すなわち，習熟度は言語産出にのみプラスに作用するというものであるが，特に文法知識の役割を強調している．これに対し，ＮＳ他とのインタラクションの密度（どの程度教室外で目標言語を使用したかを週単位で測定）が対象表現の認識と産出の両方において「決定的な影響」を及ぼしていることが明らかとなった．ＮＳとの接触・関わりを積極的に求める姿勢が必然的に目標言語のインプット量を増やし，アウトプットの機会を得，結果として語用論的能力の向上に繋がることになる．つまり，そのような姿勢が欠如している学習者はＳＡ環境で得られる恩恵を最大限に受けることができず，結果として語用論的能力を習得することは難しいということだ．Bardovi-Harlig & Bastos は，滞在期間が長くても接触密度が低ければ習得には結びつかないことも強調している．

　まとめると，ＳＡ環境における語用論的能力の習得にはＮＳとの接触密度が直接的な影響を及ぼすが，ＳＡ開始以前に目標言語の習熟度（と語用論的知識）を十分に高めておく必要があることも示唆され，間接的影響要因としての習熟度の役割は無視できない．

（3）ＳＡ学習における影響要因 ②：情意要因

　目標言語との接触度と習熟度以外の影響要因としては，学習者の学習に対する動機づけおよび目標言語コミュニティーへの態度や社

会文化適応などの情意要因が深く関わっていることが多くのＳＡ研究で指摘されている（例：Kinginger 2008; Shively 2011）．特にケース・スタディーとして実施されている研究では，被験者の動機づけや社会文化適応の度合いがＮＳとの接触密度を決定し，目標言語のインプット量・アウトプット量を左右している事実が詳細に報告されている．

　例えば，Kinginger の一連の研究（Kinginger 2008; Kinginger & Belz 2005 他）では，アメリカ人大学生 24 人が 1 学期間フランスでフランス語を第二言語として学習するプログラムに参加した．呼びかけ方（address form）（tu, vous）の習得に着目したところ，総じて被験者は社会コンテクストに対応した適切な呼びかけ方ができるようになった．しかし，被験者との個別インタビューから，呼びかけ方の習得には個人差があり，特に動機づけの影響が大きいことを確認している．Kinginger & Belz（2005）では，対照的なケースとして Bill（成功者）（pp. 406-410）と Deirdre（非成功者）（pp. 410-413）を挙げている．Bill は，ＳＡ環境でのフランス語習得に強い決意で臨んでおり，ホストファミリーとの暮らしを選択した．Bill の動機づけ傾向は統合的（integrative）と言えるもので，ホストファミリーだけでなく，ＮＳクラスメートやキャンパス活動を通して知り合ったＮＳとのインタラクションに専念し，学期末までにはコンテクストに応じて呼びかけ方を使い分けることができるようになった．Deirdre もＳＡ開始前の段階ではフランス語学習に対してかなり高い動機づけを持っていた．ＳＡ環境での学習も，教室でのフランス語学習に限界を感じていたが故の選択であったという．しかし，ＳＡ開始直後からフランスの社会・文化に適応できず，動機づけの度合いは

徐々に低下していった．実際，授業以外の大半の時間を現地在住の
アメリカ人との英語でのコミュニケーションに費やし，米国在住の
家族や友人とメール（英語）で連絡をとりあうなどが日常の生活で
あった．アパートでの一人暮らしを選択したこともあり，フランス
人ＮＳとのインタラクションはほとんどなかったという．結果とし
て，社会状況と呼びかけ方との対応ができないままに帰国する形と
なった．

　Kinginger らの研究は，ＳＡ環境における高い動機づけが目標言
語との接触の機会を高めていることを示しているが，Shively（2011）
は，学習者がＮＳとの接触があり，インプット中の対象項目に気づ
いているにも関わらず，自らの言語使用に当該項目を取り入れなか
ったケースに言及している．Shively は，サービス・エンカウンタ
ー（service encounter）（店員と客が接触する状況）で店員に対して使わ
れる商品の提供や応対を求める依頼表現の習得が，ＳＡ環境でどの
程度達成されるのかを調査した．スペインに滞在したアメリカ人大
学生７人に，１学期間にわたり現地の店で自らが使用したスペイン
語による対象表現を録音させた．録音データを分析したところ，被
験者達は英語による同様の場面で典型的な依頼表現である「話し手
志向の表現」（例："Can I have coffee with milk?"（p. 1827））ではなく，
スペイン語の規範表現である「聞き手志向の表現」（例："Give me a
summer red [wine] please"（p. 1827））を頻繁に使うようになっていた．
しかし，被験者のひとりはスペイン語では適切である命令形の使用
を意図的に避け，その理由を「（アメリカ文化の視点からは）権威主義
的で，丁寧さに欠ける」とした．このように，ＮＳと接触がありイ
ンプットを受けていても，必ずしも想定した結果が見られないケー

スもあり，学習者の主観性（subjectivity）が複雑に関係している．

③　考察と今後の課題──「指導」に向けて──

　本章では，ＳＡ環境における第二言語習得に関する先行研究の成果を概観し，第二言語語用論研究の特徴的な事例を紹介した．ＳＡ環境での学習は確かに効果があり，特にＡＨ環境における学習と比較した場合，その効果は極めて高い．これは第二言語習得理論の観点からも十分に説明がつく結論である．すなわち，ＳＡ環境ではＮＳからのインプットを大量に受けることができ，具体的な社会コンテクストの中で対象項目の存在とその使い方に気づき，また，ＮＳ表現を観察することで自らの言語使用との違いに気づくことができる．Schmidt（2001）の気づきの仮説で主張されているように，インプット中の対象項目に意識的に気づくことが第二言語習得には必要であることを考えると，ＳＡはまさに理想的なインプット環境を提供している．また，ＮＳとのインタラクションを通して，意味の交渉の他，目標言語を実践的にプラクティスする機会も圧倒的に多く，アウトプットの側面からもＡＨよりも有利な学習環境である（DeKeyser 2007）．一方で，現実には習得の個人差が多いこともＳＡ学習の特徴である．本章では，このような現象を引き起こしている要因として，目標言語習熟度，目標言語との接触度，情意要因の影響を探った．

　先行研究の結果からは，目標言語習熟度も目標言語との接触度も共に重要な影響要因ではあるが，語用論的能力の習得に直接的に関与しているのは接触度，特に接触密度である．習熟度は間接的な影

響を及ぼし，習熟度の高い学習者はその高い言語能力ゆえにNSとのコンタクトをより積極的に図ろうとし，結果として接触密度を高めることができるという説明は説得的である．さらに，密度の高い接触は学習者にNSの言語使用を観察させ，それをモデル化する機会を多く与えることから，語用論的能力の習得が促進されると考えられる．語用論レベルの「エラー」に対しては，NSはフィードバックをしない傾向にあることから（Churchill & DuFon 2006），学習者自らがNSモデルを模索する試みは重要である．また，SA開始時にある程度の高い習熟度を持ち合わせていることがSA環境での高い学習効果に結びつくと考えられることから，AH環境での対象言語の（教室内）学習にも力を注ぐ必要があるだろう（DeKeyser 2007; Pérez-Vidal 2014）．

　SA学習に影響を及ぼす要因として，情意要因，特に動機づけと社会文化適応力が目標言語との接触度を決定し，語用論的能力の習得の度合いを左右していることが確認されている．これを受け，学習者の意欲を高め，NSとのコンタクトを促進する試み（例えば，NSとの共同プロジェクトなど）をSAカリキュラムに取り入れることも視野に入れるべきであろう（Isabelli-Garcia 2006）．また，他の要因（不安，コミュニケーション意欲など）の影響も今後体系的に調査していくべきである．

　また，Li（2014）の研究でも示唆されたが，SA開始時に既にある程度の語用論的知識を習得している学習者は，より高い学習効果をSA環境下で達成できるのではないかとの指摘がある．これに関連して，SA環境における語用論指導をShively（2011）とAlcón-Soler（2015）が実施している．先述のShively（2011）のサービス・

エンカウンター状況での依頼表現の習得研究では，ＳＡの初期に語用論一般についての指導を，5週目にスペイン語の依頼表現についての指導を実施した．Alcón-Soler（2015）では，電子メールでの英語依頼表現の習得に関連して，スペイン人英語学習者を対象にＳＡの初期に指導を行い，その結果を同じＳＡプログラムに参加していた統制群（指導なし）の学習者の習得度合いと比較した．結果としては，指導を受けたグループに高い学習効果が認められた．両研究からの示唆は，学習者は指導を通して対象項目についての語用論的知識を得ることで，意識的に，また，意欲的にＳＡインプット中に存在する当該項目に注意を向けることができるようになるのではないかということである．

　第二言語習得研究における「言語習得を社会コンテクストとの関わりの中で考える」という主張のもと，学習者は社会的に意味のあるインタラクションを通して言語を使用し，それによって目標言語の文化に関する規範やコミュニケーション・パターンの特徴に関する知識を積み上げていくことが期待される．ＳＡ環境はまさにそのような学習を実現するコンテクストである．今後の課題としては，接触密度を高めることを主軸に，習熟度の向上，情意要因のプラスの質的変化，語用論的知識の獲得を目指した体系的な指導をＳＡ学習環境に構築していくことが強く望まれる．

注

1）本章では，先行研究の枠組みに沿って，「目標言語の母語話者」に焦点を当てて議論を進めていくが，実際のＳＡ環境では非母語話者との言語的接触も多いこと，そしてそのようなインタラクションから学習する機会も多いことを強調しておきたい．

2）本章では，「インタラクションの密度」と「接触密度」を同義語として扱う．
3）ただし，数年単位の学習効果検証を実施している研究は極めて少ない点に
　も留意すべきである．

参考文献

Alcón-Soler, E.（2015）Pragmatic learning and study abroad: Effects of instruction and length of stay. *System,* 48, 62-74.

Bardovi-Harlig, K., & Bastos, M. T.（2011）. Proficiency, length of stay, and intensity of interaction, and the acquisition of conventional expressions in L2 pragmatics. *Intercultural Pragmatics,* 8, 347-384.

Barron, A.（2003）*Acquisition in interlanguage pragmatics.* Amsterdam: John Benjamins.

Block, D.（2003）*The social turn in second language acquisition.* Washington, DC: Georgetown University Press.

Churchill, E., & DuFon, M. A.（2006）Evolving threads in study abroad research. In M. A. DuFon & E. Churchill（Eds.）, *Language learners in study abroad contexts*（pp.1-27）. Clevedon: Multilingual Matters.

Collentine, J., & Freed, B. F.（2004）Learning context and its effects on second language acquisition: Introduction. *Studies in Second Language Acquisition,* 26, 153-171.

DeKeyser, R. M.（2007）Study abroad as foreign language practice. In R. M. DeKeyser（Ed.）, *Practice in a second language*（pp. 208-226）. Cambridge: Cambridge University Press.

Félix-Brasdefer, J. C., & Hasler-Barker, M.（2015）Complimenting in Spanish in a short-term study abroad context. *System,* 48, 75-85.

Hassall, T.（2013）Pragmatic development during short-term study abroad: The case of address terms in Indonesian. *Journal of Pragmatics,* 55, 1-17.

Isabelli-García, C.（2006）Study abroad social networks, motivation and attitudes: Implications for second language acquisition. In M. A. DuFon & E. Churchill（Eds.）, *Language learners in study abroad contexts*（pp. 231-258）. Clevedon: Multilingual Matters.

Kinginger, C.（2008）Language learning in study abroad: Case studies of Americans in France. *The Modern Language Journal,* 92, 1-124.

Kinginger, C., & Belz, J. A. (2005) Socio-cultural perspectives on pragmatic development in foreign language learning: Microgenetic case studies from telecollaboration and residence abroad. *Intercultural Pragmatics*, 2, 369-421.

Li, S. (2014) The effects of different levels of linguistic proficiency on the development of L2 Chinese request production during study abroad. *System*, 45, 103-116.

Matsumura, S. (2003) Modelling the relationships among interlanguage pragmatic development, L2 proficiency, and exposure to L2. *Applied Linguistics*, 24, 465-491.

Pérez-Vidal, C. (2014) Study abroad and formal instruction contrasted: The SALA project. In C. Pérez-Vidal (Ed.), *Language acquisition in study abroad and formal instruction contexts* (pp. 17-57). Amsterdam: John Benjamins.

Schauer, G. A. (2007) Finding the right words in the study abroad context: The development of German learners' use of external modifiers in English. *Intercultural Pragmatics*, 4, 193-220.

——— (2008) Getting better in getting what you want: Language learners' pragmatic development in requests during study abroad sojourns. In M. Pütz & J. N. Aertselaer (Eds.)., *Developing contrastive pragmatics* (pp. 403-431). Berlin: Mouton de Gruyter.

Schmidt, R. (2001) Attention. In P. Robinson (Ed.), *Cognition and second language instruction* (pp. 3-33). New York: Cambridge University Press.

Shively, R. L. (2011) L2 pragmatic development in study abroad: A longitudinal study of Spanish service encounters. *Journal of Pragmatics*, 43, 1818-1835.

Taguchi, N. (2008) Cognition, language contact, and the development of pragmatic comprehension in a study-abroad context. *Language Learning*, 58, 33-71.

——— (2011) The effect of L2 proficiency and study-abroad experience on pragmatic comprehension. *Language Learning*, 61, 904-939.

——— (2013) Production in routines in L2 English: Effect of proficiency and study-abroad experience. *System*, 41, 109-121.

Section V

社会言語学・言語人間学

──ことばを鳥瞰する──

ことばと世界を鳥瞰する

鈴木孝夫

はじめに

　私は 90 歳になった頃から特に，人間は地球上の数多い生物の 1 つでしかない，その視点をしっかり持ってこれからは生きていかねばならないと強く思うようになった．それは，子どもの頃の庭に来る野鳥を観察し始めた事にはじまり，その後の野鳥観察や自然とのふれあいが大きく影響しているのではないかと思う．鳥たちは，空高くから地上を俯瞰し，さまざまな事象を自分の目で見，判断し，行動する．特に，国境もなく毎年何千キロも渡る渡り鳥達は，鳥瞰することの大切さを教えてくれた．医学生だった戦時中は本格的な農業体験もした．その後 20 年間はチェーンソーを使っての林業体験，養蚕体験，等々，外に出てさまざまな命にふれあう経験をした．自動車の組み立ても一からやった．空気，風，水，におい，音，等々，世界がそこにあるという体感が今も残る．さまざまな雑多な体験に見えるかもしれないが，これらすべてが今の自分に大きな影響を与え，「人間は地球上の生物の一つにすぎない」感を持ったのだと思う．最初に言語学会で発表した論文（鈴木 1956）は鳥の音声の記号論的考察で，動物のコミュニケーションのやり方の一つとして人間の言語も研究すべきであると主張する物であった．私の研究

にも，人間は地球上の生物の一つにすぎないという見方がずっと流れているのだと思う．

　本章では，まず，人間社会の歴史や地球の変化を既成の学問にとらわれずに鳥瞰し現在を考える．そこから，今，日本語の奥に潜む考え方や感性，日本人のありようがどのように世界や地球に影響を与えるかということを考える．最後に，これからの若い人達に持って欲しい物の見方や生き方を示す．

① 混沌とした今——人間の世界——

　今，我々の世界は迷走し崩壊し始めている．人間の世界では，過去500年ほどの間，ヨーロッパに人間の世界をまとめる中心力が存在した．それは「自分たちが決めたことが正しい」という考えで推し進める西欧中心主義であり，その結果，侵略先の原住民を淘汰し西欧化し，6000種ほどあった言語も，力のある5つ程度のヨーロッパ言語が世界をリードするときに使われるような状態にしてしまった．しかし現在，ヨーロッパは疲弊しその中心力は弱まった．例えば戦争の有り様は昔とは大きく変わった．第一次世界大戦時毒ガスやタンク（戦車），戦闘機などが開発され，第二次世界大戦では都市への絨毯爆撃がおこなわれ軍人以外の一般人も無差別に殺されるようになるなど，戦争観が変わり，収拾がつかなくなった．考え方の異なる欧米以外の国々がさまざまに主張するようにもなった．

　世界にはさまざまな考え方がある．たとえばイスラムの世界では，お金や物の提供に対して感謝はしない．人に物を与えることは金持ちが自分たちが天国にいくために貧乏人に対して行うことと考えら

れており，あたりまえで特に礼を言われる様な行為では無いのである．日本の，感謝は物をあげて示す，もらったら感謝を込めて返す，などのやりもらいのやりとりを大事にし，そこに意味を見いだすのとはまったく異なる考え方である．ところが日本は，昭和後半と平成と，自動金銭支払機と言われるほど世界の紛争解決に巨額の円を提供してきた．問題解決に，日本はお金や物を提供することを最善の方法の一つと考えるが，それがそのまま世界に通用するわけではない．これからの日本は新たな日本流のやり方で，世界に貢献する方法を考える時である．

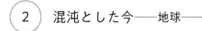

② 混沌とした今——地球——

　地球そのものも，混沌としている．科学と学問の発達で人間は地球を支配しようとしてきた．しかし，イエスキリストの時代は 3 億人といわれた人口も，1950 年には 25 億人，そして現在は 70 億人（国連人口基金東京事務所 2011）と人間は急速に増えた．地球上の人間の生活も便利さを追求し大きく変化した．夏目漱石の時代は 1 カ月かかったロンドンまで，現在は 12 時間もあればいけてしまう時代になった．

　私が子どもの頃は，トイレの電気がつけっぱなしになっていると，だれが消し忘れたか兄弟で詮索しあい忘れた者はおおいに反省したものである．それが今は，昼間でも必要がないのに煌々と電気がついている場所がたくさんある．日本の高速道路はどこまで行っても両脇に等間隔に電灯が並び道を照らしているが，アメリカなどではジャンクション以外には電灯はついていない．車には明るいライト

があり，それで十分に安全に走れるからである．明るい方が安全で走りやすいという考えもあるだろう．どこまで便利にすべきか，どこからが贅沢すぎるのか，そのような事を考えることもなく便利な生活に慣れ享受しているのが現状である．そんな人間の便利さの追求に，地球は痛みつけられ続けている．

地球上の動植物はどんどん減っている．身近に実感することは少なくない．子どもの頃，目黒の自宅には 1 年間に 70 種ほどの野鳥がやってきていたが，現在は 10 種来るか来ないかになってしまった．郊外でも同じように減っている．

原因は地球規模の自然破壊にある．日本で繁殖するために夏にやってくる夏鳥たちは，越冬地である東南アジアの森の急激な開発で生息できなくなり数が激減，冬鳥はシベリアなどで繁殖するが繁殖地も開発が進んでいる．それに加えて，地球温暖化で永久凍土が溶け森が湖に浸水し，岩塩の溶けた湖水で森が枯れ，それだけでなく永久凍土の中で氷河時代から凍りついていた有機物が溶けメタンや二酸化炭素などの温室効果ガスが大量に発生，温暖化を加速するという悪循環が始まっている．気温の上昇は世界中に影響を与え，日本での豪雨や台風の被害の多さは実感を持って感じているだろう．

地球は，記録を取り始めてから初というような異常気象記録の続出，それに伴う大災害と，昨今地球上のすべての人間が何かがおかしいと感じるほど，早く大きく変化している．

今，必要なのは発想の転換である．生き物の中では自分が一番頭がよく，自然界をもコントロールできると考えていた人間は，今，人間は地球上の生物の一つでしかなく，人間はその分際を超えることなく，他の生物と足並みをそろえていかねばならない時を迎えて

いることに気づくべきである．宇宙船地球号に人間の特別席はないのである．

 ## 3　世界の中の日本

　日本は，明治以来，西欧の学問を取り入れ，生活も洋服，椅子や机など西洋のものを取り入れてきた．西欧の物はよいもの，それに近づくことはいいことという態度で好意的に取り入れてきたため，西欧から制圧され植民地化される対象にもならず，上手く西欧文明を取り込み，古い日本が残りながらも西欧化するという状態になった．西欧から直接の制圧・侵略の対象国とみなされたところでは，西欧からどっと外国人が押し寄せ自文化が衰退・消滅してしまうという事がほとんどであった時代である．

　直接外国に侵略されなかったため，主に書物や製品を通しての文化・文明の受容は日本の得意とするところで，明治以前を考えても，オランダ語で書物から西洋の知識を学び，それより以前は漢文を学んで書物から中国文化を学んできた．日本は増田義郎の言う「間接文化受容」（増田 1967）の国なのである．これは，日本が西洋から最も遠い極東アジアの島国であり，また大陸から適度な距離があるという地理的な環境で，地政学的に優位な国だったために可能だった．

　日本は侵略された経験がない珍しい国でもある．他国を侵略しようとしたり，侵略したりしたことはあったが，その期間は世界の他の国々の歴史と比べると非常に短かった．

　中国の『隋書』に，600 年倭国からの文化使節が来たとの記録が

あり，そのころすでに日本には一応国としての形があったと考えられる．それから千数百年の間，日本はどのくらい外国と戦ったり侵略したり，あるいは外国に侵略されたりしただろうか．663 年白村江の戦い（日本は百済に協力し，唐と新羅と戦い，敗れた），1592-1598 年秀吉の朝鮮出兵，と明治の富国強兵で出兵した日清戦争（1894-1895）までは，ほとんど他国との戦いはなかった．その後，日露戦争（1904-1905），日中戦争（1937-）と太平洋戦争（1941-）では，海外を攻撃，侵略の試みは続いたが，海外との戦争の総年数はヨーロッパの国々とは比較にならないほど短い．最終的には日本に爆撃機が飛んでくるようになり原爆投下で敗戦を迎え，1945 年 GHQ の占領下に置かれたが，これは第二次世界大戦終結のポツダム宣言に従って占領政策を行う機関で，どこかの国に直接侵略されたというものではない．

　それに比べて世界史，特にヨーロッパ史を見ると，年表には戦争名がリストの様にあがっている．力と力のぶつかり合い，戦争の連続であった．強い国が弱い国を攻撃し，侵略し，強い者が生き延びる世界である．侵略や激しい戦争のため，既存の文化遺産の破壊，文化の消滅も起こった．制圧や植民地化により，既存の文化は制圧者の文化の影響を否応なしに受ける．

　言語もしかり，制圧者の言語が使われるようになり，現地語が使われなくなることも多い．外国語で教育されると，理解不足，発信が思うようにできないなどの困難が生じる．また，母語を使わなくなると，母語に内在するその言語文化の考え方が次第に薄れていく．言語の侵略は深刻な文化的な侵略，そしてその侵略された言語の話者の質の低下にもつながる．

　日本語も浸蝕されそうになったことがある．漢字仮名まじり表記を見た GHQ がこの様な複雑なものは学習が困難，識字率が低くなるのでローマ字化すべきであると考えた．しかし調査の結果実際の識字率は世界有数の高い物であったため，その提案は消滅した．

　世界の中で改めて考えるべき日本の特異な点は，日本は一度も直接には侵略されていない国で，かつ日本人は日本語を使い続けているということである．一方で積極的な海外の技術や製品の取り入れ，外来語の取り入れはしてきたため，そういう意味では海外の影響をおおいに受けている日本・日本語ではあるが，徐々に日本流に熟成させながら取り入れ日本人の考え方や日本人の「感性」（鈴木 2014）が保たれている．

　この日本人の感性こそが，これまでの世界の中心であった西洋のものとはひと味違う，混沌とした世界をよい方向に導いていくものである．

　雁の渡りを見たことがあるだろうか．鳥が群れで長時間飛行を続けるときには，V や I の形で鈎になり竿になり編隊を組む．これは，先頭の鳥が作り出す気流に 2 羽目が乗り，つぎつぎと後ろに従う鳥が前の鳥の気流を利用して飛ぶことにより，エネルギーの消費を抑えて飛べるからである．しかし，先頭の鳥はへとへとになり疲れてしまう．そこで鳥たちは，時々先頭を交代し飛行を続ける．

　これまで世界の先頭を切ってきた西欧型の国々は疲弊してきた．今，世界の先頭の役は交代の時期に来ている．これまでとは異なるやり方で世界を牽引していけるのは日本である．先頭交代，日本が日本流に世界を積極的に引っ張っていく時である．

4　ことばや行動に見られる日本の感性

　「下駄供養」ということばを聞いたことがあるだろうか．使用した履き物を燃やし感謝する行事である．筆供養というのもある．役目を終えた筆に感謝し，筆作りのために毛を提供してくれた動物たちの供養をする．下駄や筆という無生物に対しても，板や毛を提供してくれた動植物に対しても感謝するというのは，古代からのアニミズムの流れを汲む日本人の感性である．欧米ではスポーツとして生き物を追い回したり殺したりすることを楽しむ伝統がある．日本にはスポーツとしての殺戮はなじまない．逆に，物や生き物に感謝し奉る．生命を無駄にしないという意識が強い．

　2004 年にノーベル平和賞を受賞したケニアのワンガリ・マータイさんは 2005 年に来日した折「もったいない」ということばに出会い，感銘を受けたという．そして日本語の「もったいない」の一語 に は，環 境 活 動 の 3R，Reduce（ゴ ミ 削 減），Reuse（再 利 用），Recycle（再資源化）に加えて地球資源に対する Respect（尊敬の念）が込められている，と賞讃し，MOTTAINAI を合い言葉に環境にやさしい持続可能な社会をつくろうとキャンペーンを始めた．ワンガリ・マータイさん没後も，地球環境に負担をかけないライフスタイルを広め，持続可能な循環型社会の構築を目指す世界的な活動として展開されている（MOTTAINAI キャンペーン事務局）．

　人間として驕らず，宇宙船地球号の一員として他の構成メンバーと共に仲良く生きようという姿勢が日本語や日本人の行動の底に流れている．

　近年来日する外国人の数はどんどん増えているが，日本での経験がその人になんらかの影響を与えるということはよく聞く話である．加藤（2008, 2010）はさまざまな外国人にインタビューをし，体験談を聞いている．安全，清潔，勤勉，恩や義理人情，思いやり，親切，礼儀正しさなどのキーワードが語られる．優れた一般人がたくさんいる，お互い様と助け合う，人に迷惑をかけない人になるようにと子どもに言う，規則はともかく守ろうとする，など，自分たちとは違うと感じた体験を語っている．

　日本語を話すようになりお辞儀をするようになると礼儀正しく丁寧になる．「すみません」をよく使うようになると相手を立てるようになる．日本人は来日した英語母語話者に対して「英語ができなくてすみません」とよくいうが，英語圏を訪れた日本人に対して英語母語話者が「日本語ができなくてすみません」というのは聞いたことがない．日本ではことばがわからず苦労するであろう相手のことを考え，自然に「すみません」ということばがでてくる．日本語では力を誇示しやり合うような会話より遠慮したり曖昧に言ったりやわらかい話し方になる．日本語，日常のやりとり，日本の習慣などの体験の積み重ねで，外国人も日本の感性を身につけていく．
（鈴木 2014: 54-66）

　フランス語に tatamiser（タタミゼ）ということばがある．畳に日本文化を象徴させ，日本風に暮らす人々や日本びいきという様な意味で使われている．来日した外国人などが，ふと気づくと自分は日本語を知る前と知った後では性格が変わったと感じる事があり，そのような変化をタタミゼ効果と呼ぶ（鈴木・平田 2017: 29-30）．上述の外国人の変化は，タタミゼ効果の例である．

　日本語を学び日本語の言語行動が自然にできるようになる事で相手をたてやわらかく接するようになるというのは，力をぶつけあい競争し強い物が治めてきたこれまでの世界とは異なる世界のありようを日本語が体験を通して教えているということである．日本語には人を柔らかくする力がある．タタミゼ効果で穏やかな日本の感性を世界に広め，世界を平和にすることを考えよう．

　日本の感性はことばや日常生活の中にさまざまに残っている．たとえば，「おかげさまで」「おたがいさま」等の表現には人々の依存関係，「先日はどうも」「いえいえ」というやりとりには，相互依存関係が継続しているという発想が見て取れる．レストランで注文するとき，「私も」と同じ物を頼む事が多く，そこには他と同じである事を好み，また同じであるという事は悪いこととは思わない発想がある．フランスの，他と同じというのは自主性がないと思われるため同じ物はなるべく頼まないようにするのが普通というのとは異なる感性である．

　何気ない表現や日常行動の底に日本独特の感性が流れている．それに気づくことは，日本人理解につながり，西欧化しすぎた日本や日本人に軌道修正を教えてくれる．そして，日本の感性の独自性は新しい世界の牽引力になることに気づく．人間は生き物の中で最も優秀で地球を支配できると信じ，人は自己主張してこそ生きていけるのだと肩肘張って進んで来たこれまでの世界の人々に，日本の感性はそうでない生き方もあることを示し，すでに少なからず影響を与えてきている．明治時代に日本人が西洋文明から受けたショックが余りに強かったため，一時多くの日本人は日本的なもの，考え方はすべて遅れていると自己嫌悪に陥ったが，その後百年で日本は立

ち直り，和洋を巧みに調和させた二重混合文明を作り出した．これからは日本の感性は世界に影響を与えることができることを自覚しながら進むべきである．

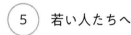

5　若い人たちへ

（1）鳥瞰・俯瞰を大切に

ドローンでの撮影映像を見ると，高く飛んで撮影したものは地上で撮影したものとは違った世界が見える．日本地図を見るとき，大陸とどのくらい離れているのか，その大陸とはどのような接触の仕方をしていたか，また他の島国と大陸との関係と比較してどう違うのか，鳥瞰的な見方をし，ドローンの代わりに解析力と想像力を駆使して，ものを見てみよう．日本がなぜ侵略されなかったかが見えてくる．世界の歴史を見るときも同様に視野を広くし，世界史と日本史を重ね合わせ，古代から現在までという広い範囲でみると，アニミズムの歴史の長さに気づく．一神教の世界支配はわずか二千年しかない．

（2）自分の見方・感じ方を大切に

本章を読み，違うだろう，こうは考えられないか，と思いながら読んだとすれば，自分の見方を持っている人である．既成の学問でいわれていることを鵜呑みにせず，何事もクリティカルに見て行くと発見がある．日常のちょっとした発見を，これは面白いと感じ観察を続けると，一定の傾向やルールが見えてくる．自分の見方，感じ方を大切にしよう．

そのために，雑多でもよい，さまざまな経験を積んで，それを自分の糧にしてほしい．経験して初めて理解できることもある．経験は理解を深める．経験があると，説得力のある説明ができる．

（3）立ち位置が違うと見え方も異なる

富士山は，どこから見ているかで宝永山が見えたり見えなかったりと，随分形も印象も違う．同じ事でも，イギリス人の立っている位置，アメリカ人の立っている位置，中国人の立っている位置，日本人の立っている位置で，世界の見え方は変わる．日本人特有の見方をもっとしてみよう．そして，他の見方とも比べてみよう．

（4）日本の考えを日本流に発信しよう

これまで日本の研究はなかなか海外に発信されていない．もっと日本の考え方を発信する努力をしよう．しかし，やり方には工夫がいる．私の『ことばと文化』（鈴木 1973）は英中韓語に翻訳されているが，翻訳は難しい．日本独特の用語はそのまま日本語を使うというのも一つの方法である．古くは「甘え」，最近は「ひきこもり」ということばはそのまま使われている．「もったいない」は，それに説明が加わり発信された．日本語が海外の人の受け入れ方でオリジナルの日本語とは少し異なって使われるという場合もある．「おたく」は日本語ではそれだけにのめり込んでいる暗いイメージがあるが，英語で OTAKU という場合は，何かに夢中でそのことに知識や経験が豊富な人という意味で使われる．

英訳など他の言語で訳すときは流暢過ぎない方がよい．ことばはそれが使われる背景・文化を背負っており，簡単に訳語がみつかる

わけではない．ギクシャクした英語になったとしても，日本語も交えながらでも，日本の感性を伝えられるやりかたをすべきである．

　日本は翻訳大国である．世界の古典的名著はほとんど日本語に翻訳されている．その翻訳のおかげで日本人はかなり世界の古典，名作を知っている．だから世界に日本の事を知ってもらうには，日本語の書物を外国語に翻訳しなければいけないというのが大切な発想だが，私はそれと同時に外国人で日本語を読める人をたくさん育てるべきであると考える．実際，最近は，外国人で日本語・日本文化の理解が深く，工夫した翻訳ができる人が少しずつ現れてきている．これは素晴らしい事である．日本語教育がもっと盛んになり，日本語のわかる人が増えてほしいものである．最近は，スマホのアプリなどで，機械に話しかけたり，写真を撮ったりしたものをその場で翻訳できるようになった．簡単な会話は日本語を知らなくともできてしまう．だから会話の修得に時間をかけるよりは，もっと外国の人が日本語を読めるようになる教育を推し進めるべきだと考える．

（5）Today is the first day of the rest of my life

　これは，私の好きなことばである．アメリカの薬物中毒患者救済機関 Synanon を設立した Charles Dederich（1913-1997）の名言で，今日という日は残りの人生の最初の日である，と訳される．何かをはじめるときに，もうこれからでは遅いということはない．思ったが吉日，やり始めよう．気づいたらすぐ実行しよう．これまでが悪かった，過去にとらわれないで，という意味合いはまったくない．何かに気づいてこうしたいと思った時に，私の中でこのことばが鳴り響く．だれでも，何歳でも，それぞれの人が持っている潜在力を

フルにいかして，やれることをやってみよう．

　本章では，既成の学問枠にとらわれずに鳥瞰的に歴史や世界の中の日本を見直し，大きく変化する世界の中で，宇宙船地球号の乗り組みメンバーの一員である人類が，他の相客たちと共に今後の地球でどうあるべきかを考えた．日本語や日常の行動の底に流れている日本の感性は，人間として驕らず，他とやわらかく関わるもので，これからの世界に必要とされているものであることが見えてきた．そのような日本語の非対決的な感性を持つ我々は，さまざまな場面でそれを活かすことを考える時である．思いついたらやり始めよう．

付　記

文責：川﨑晶子．本章は，2017年12月8日立教大学異文化コミュニケーション学部第4回連続講演会の講演「言語人間学：ことばを鳥瞰する」と質疑応答，当日配付資料，および，講演準備段階で作成した資料や話し合いの内容をもとに，川﨑晶子が講演の主旨をまとめ，それに鈴木孝夫が加筆修正したものである．

参考・関連文献

加藤恭子編（2008）『私は日本のここが好き！』出窓社．
─── （2010）『続・私は日本のここが好き！』出窓社．
鈴木孝夫（1956）「鳥類の音声活動　記号論的考察」『言語研究』Vol.30, pp.30-45.
─── （1973）『ことばと文化』岩波書店（岩波新書 C98）．
─── （1975）『閉された言語・日本語の世界』新潮社（新潮選書）．
─── （1996）『教養としての言語学』岩波書店（岩波新書 460）．
─── （1999）『日本語と外国語』岩波書店（岩波新書 101）．
─── （2005）『日本人はなぜ日本を愛せないのか』新潮社（新潮選書）．
─── （2014）『日本の感性が世界を変える　言語生態学的文明論』新潮社（新潮選書）．
─── （2015）『鈴木孝夫の曼荼羅的世界：言語生態学への歴程』冨山房イ

ンターナショナル.

――――（2019）『世界を人間の目だけで見るのはもう止めよう』冨山房インターナショナル.

鈴木孝夫，平田オリザ（2017）『下山の時代を生きる』平凡社（平凡社新書）.

増田義郎（1967）『純粋文化の条件――日本文化は衝撃にどうたえたか――』.講談社（講談社現代新書）.

国連人口基金東京事務所（UNFPA-Tokyo）「70億人の世界×70億人のアクションキャンペーン」http://www.70okunin.com/campaign.html（2011年12月31日終了），2019年5月28日閲覧.

MOTTAINAIキャンペーン事務局「MOTTAINAIについて」http://www.mottainai.info/jp/about/，2019年5月28日閲覧.

社会言語学の世界

川﨑晶子

 社会言語学の視点

　社会言語学は様々な視点で研究されているが，本章では，実際の環境での生きた使い手のことばの使い方をさぐり，その使われ方の法則や，そこでのことばの持つ力を明らかにするという事を中心課題と考える.

　日本語の研究は敬語や豊富な社会階層差などの存在もあり，だれがどこでどう使うか実際の運用を視野に入れた研究が必須であった. 日本語の言語学はそもそも社会言語学的な部分が多かったと言っても過言ではないだろう. 安藤正次は『國語科學講座 Ⅲ 國語學』で「國語學總説」(1933: 1-111) として，どのような研究分野がありどう研究すべきかを，記述的，歴史的，比較的，地理的，社会的，心理的研究の六つの研究分野をたて論じている. 比較的研究では異なる言語との比較と同一言語内の異なりの比較との両方を含めている. 社会的研究は，言語と社会の関係の研究及びことばに反映される時代精神や社会意識をも明らかにするものとしている. 前者に関しては，菊澤季生の「位相」の概念を紹介している. 菊澤は同書の「國語位相論」(1933: 1-67)[1] で多くの例を示しながら，階級方言や特殊語，地域方言，児童語など基本的な位相を紹介，また関連領域として外

来語や流行語，女房詞と女らしさや武士詞と勇壮さの関係，単語だけでなく武士詞の使役で表す受け身の表現，などにも言及している．

　欧米，特に英米では 1960 年代，Sociolinguistics や Sociology of Language という領域が盛んになり，社会の中で使われている多様なことばの研究の重要性が強調された．日本でもその和訳，社会言語学や言語社会学という研究分野名が使われるようになった．その後人類言語学や心理言語学との接点も増え学際的な研究も盛んになる．一方で語用論（Pragmatics）という分野も成長し，現在社会言語学の領域は広がり，また，言語生態学（鈴木 2015），言語人間学（鈴木孝夫の講演タイトル）など様々な分野名も使われるようになっている．本章では社会言語学という分野名を使い，中心課題を明示しながら話をすすめる．

（1）法則・原則

　様々な話者の様々な場面でのことばの使い方から言語運用規則を見いだし，人々の持つ運用能力を明らかにするのは容易な事ではないが，多様な中に意味があり，そこに辞書には書いていないが重要な法則を見いだすことができる．その法則をロボットに教え込んでいくことを想像してみる．ロボットが，「おはよう」と言われれば「おはよう」と，「おはようございます」と言われれば「おはようございます」と答えれば，まずは第一歩，丁寧さのレベルの存在を理解したと言える．そのロボットが，相手が「おはよう」と言っても自分は「おはようございます」と言い，「行く？」と聞かれても「行きます」と言うようになると，それは相手との関係で複雑に変

わる日本語の運用の理解が深まったと言える．このような具体的な事象を明確な運用規則の記述にするのは非常に難しいが，その結果そのロボットが自然で適切な会話ができるようになったとすれば，その規則の総体はかなり精緻な運用法則・運用文法と言えるだろう．

　1985年つくば科学万博の会場に「コスモ星丸」というロボットがおり，簡単な会話をしていた．このロボットが自然な日本語を適切に話せるようになるためには何が必要かと思いをめぐらせた．現在多くの外国人が日本で生活するようになり，日本の生活に溶け込める一つのきっかけが日本語であり，実際の運用文法の需要は非常に大きくなっている．

　人間が学習する場合は，細かい運用規則の羅列は効果的ではない．運用規則の底に流れる原則と実例を伴うわかりやすい説明があれば，学習者はそれを応用し試行錯誤しながら運用していくことができる．では原則はどう示したらよいだろうか．Brown and Levinson (1978) のポライトネスの研究では普遍的な枠組みが示され，言語により重視する部分が異なり，他言語との比較で自言語の運用の特徴がよく見えるようになった．一方，前提となっているフェイスというものがどの言語の話者でも同じように持っている普遍的なものかという部分に疑問も湧き，議論が続いている．どの言語にもあてはまる枠組みの構築も重要だが，実質的にとらえて，日本語なら日本語と日本文化の特徴的な原則，日本語母語話者ならあたりまえと感じていても他言語話者にとっては理解しにくいところを抽出しわかりやすく説明する方法の工夫も大切である．

　他言語との比較対照は多くのことに気づかせてくれる．単語そのものでの気づきも多い．

　英語で自己紹介をしているときに，"I have a brother." と言わ
れ，なんとも言えない落ち着きの悪さを感じる事がある．話してい
て何らかの情報が加わり弟だとわかると，ストンと落ち着き，弟の
具体的なイメージまで思い浮かぶことができるようになったりする．
これは，日本語話者の中に男性か女性かと年上か年下かで分かれる
四つの枠があり，その枠にことばがおさまることで安心して理解が
すすむからである．

　鈴木孝夫はこの様なそれぞれの言語独自の物の切り分け方の存在
を「人間のことばというものが，対象の世界を或る特定の角度から
勝手に切り取るというしくみを持っている」（鈴木 1973: 37）からだ
と説明し，兄弟姉妹の様な区分は日本語に依存している恣意的なも
のだと言語的相対主義を説明，他言語との比較で日本的なものは見
えてくると言っている．訳せないことばというものも，注目すべき
である．その言語話者が重視している発想の焦点が他言語とは異な
るため訳せない事が多い．日本語では，古くは，「わび」「さび」，
最近は「うまみ」などもその例である．会話での「よろしく」も訳
しにくい．訳より実際の運用例を説明することで，「よろしく」の
文化・社会的な意味，日本理解につながる．「よろしくお願いしま
す」を上手に使う外国人が日本社会に溶け込んでいる例をよく見る
様になった．

　鈴木は物のことばによる切り分け方だけではなく，そのことばを
どう使うかを観察，運用面からも日本語・日本文化の特徴を浮き彫
りにした．「自分及び相手を何と言うか」（鈴木 1973: 129-135）では，
日本語の人称の使い方の特徴を示した．英語の "I" "me" "you"
の様に西欧語は少数の人称代名詞が使われるのに対して，日本語で

は，「おばあちゃんがやってあげる」「先生に渡して」など「私」の代わりに親族名称や職業名などさまざまなことばが使われる．"You"に当たる語は「あなた」だが，日常ほとんど使われない．場面で誰に対して言っているのかわかるため，「やって」（子どもが親に頼むとき）の様に"you"は遠慮なく省略される．相手を明示する場合は，「パパやって」の様に親族名称や職業名が使われる．家族は子どもの視点を使い，子どもが周りにいなくとも，妻は夫に「パパ」と呼びかける．

　日本語は「目上」の概念が言語運用の根底に太く流れている．鈴木は親族図に1本の線を引くことで，それを明確に示した（鈴木1973: 150）．最上段は祖父・祖母，2段目は左からおじ，おば，父，母．3段目は自己を中心にし，左側に兄，姉，右側に妻，弟，妹．4段目は姪，甥，自己と妻の下には娘，息子，5段目は孫である．そして，自己を通り，右上がりの斜め線を引き，その線の上の部分，兄姉，父母，おじおば，祖父母など目上に呼びかけるときには「お父さん」というように親族名称を用い，下の部分，妻，弟妹，娘息子などに呼びかけるときには親族名称は使わないことを示した．この様なその言語特有の原則の記述は，実際の言語運用に役立つだけでなく，重要概念の理解にも大きくつながる．

（2）ことばの力
　法則・原則を見つけることと同時に，非常に重要な事は，ことばが実際に使われるときの機能やことばそのものの持つ力を考える事である．ここでは，言語待遇，話者規定，思考規程の3つに絞ってことばの力を考える．

　日本語は，「今日は天気がいい」という単純なことを言うにも，「です・ます」を使うか否かを選ばねばならない．場のフォーマリティーに加え，相手が話し手より社会的に優位（+SSS[2)]）な場合使われる「です・ます」は，話し相手に対して距離があることを示し，改まりや距離感を感じさせる．これがことばの機能の一つで，ことばで相手を待遇しているという観点から「言語待遇」と呼ばれる．

　ことばで相手を待遇するだけでなく，ことばは話し手がどういう人物であるかも発信する．前述のロボットが「おはよう」「どこからきたの」などと常に「です・ます」を使わずに話せば，「親しげな」や「子どもっぽい」キャラクターのロボットとして受け入れられる．一方，就活中の学生が「御社」「〜いたします」などの用語を使って会社の人と連絡を取っているのをよく耳にするが，これは，学生がそのようなことばを使うことによって自分が有能な会社員候補であることをアピールしているのである．

　ことばは話し手がどんな人物であるかを聞き手に伝える．これは筆者が「話者規定」と呼ぶことばの力の1つである．聞き手は話者規定を利用して，話し手の人となりを話し方から想像する．また，話し手は話者規定を利用し，話し方で自分らしさをだす．それを可能にするのは，社会で共有されている，こういう話し方をする人はこういうタイプの人だというステレオタイプ[3)]があるからである．

　日本語の場合は，語尾の「です」や「だ」や「だよ」の使用で，話し手の性格や職業をある程度想像できる．川﨑（1981）は語尾だけ変えた3人の宇宙人のメッセージからそれぞれどのような性格の宇宙人を想像するかを小学生で調べた．「です」で話す宇宙人は丁寧，「だ」は強い，「だよ」は楽しい等，一定のパターンで宇宙人の

性格判断がされていた.

　自分の方言ではない方言をあえて使い,たとえば関西弁を使いおもしろい人間に見せる「方言コスプレ」(田中 2011) や漫画やアニメなどでも使われる登場人物らしさを強調する「役割語」(金水 2003) は,まさにこの話者規定の力を使っている例である.その他,「おかげさまで」などのような日本的な思考概念を持つことばを使ったりすることで,社会的に成熟した人間であることを示すことも頻繁におこなわれている (川﨑 1997, 2017).

　3つ目のことばの力は,筆者が「思考規程」と呼んでいる物で,前述の兄弟姉妹が良い例である.ことばによって,物の見方,世界観が設定される.「です・ます」の存在も,日本人に発話の際に常に相手との関係や場面のフォーマリティーを考えさせるという点で強い思考規程となっている.

　この思考規程のために,社会が変わるとことばが変わる.またことばが変わると物の考え方も変わってくる.例えば日本語の敬語は,戦前と戦後で使われる語や使われ方が大きく変わった.民主化により平等が強調され,家庭内敬語は急速に使われなくなった.年功序列に対し能力主義が少しずつ浸透,目上に対する敬語使用も減り,特に謙譲語は減っている.まさに,社会が変わるとことばが変わる例が各所に見られる.一方,思考規程の積極利用,ことばを変えて社会を変えよう,という動きもある.「鳥」は昭和初期までは捕って食べる,あるいは捕って籠に入れかわいがり鳴き声を楽しむ対象という認識が強かったが,「野鳥」ということばを使い日本野鳥の会が発足され「野の鳥は野に」という思想の啓蒙活動が活発におこなわれたことで,鳥に対する人々の考え方が大きく変わった (川﨑

2014). 現在の若者は，野鳥は野山で観察する対象で，「雀焼きは美味しい」などと聞くと顔をしかめる．新しい概念がことばの普及と共に広まり，定着した例である．看護婦は看護師になり男性の看護師が増えている．「イクメン」は子育てに積極的に関わる男性のことであるが，このことばが積極的に使われることで男性の育児参加はポジティブな印象を持ち，盛んになってきている．思考規程ということばの力は，現代ではさまざまな分野で意識され意図的に使われている．鈴木の日本語を世界に広め非対決的なものの考え方を広めようという提唱も，この思考規程の積極的な利用である．

2　社会言語学の方法

　鈴木孝夫の著書を読むと，たぐいまれなる知識と観察力に裏付けられた気づきと洞察がある．鈴木には子どもの頃から庭に来るたくさんの野鳥を観察，見分け，飼って習性を観察した経験（鈴木 2015）があった．じっくり時間をかけいろいろなことを試し自分の目で発見する基礎ができたのではないかと思う．また，鳥の世界の存在は，人の世界を見るときにも人中心にならず広く大きく見渡す習慣をつけたのだろう．

　社会言語学の方法は動物行動学の方法に似ている．興味を持ち，観察し，それを記述し，既存の理論を検討，仮説をたて，調査方法を考え，時には焦点を絞り実験し，例や反例を見つけ，証明していく．実際に研究を進めるときには，ことばに敏感になる，ことばをよく観察する，ことばについてよく考える，という基本的な姿勢が非常に重要である．

　動物行動学の手法を明解に紹介している「シジュウカラの警戒声」（鈴木俊貴 2011）は，その研究のプロセスを社会言語学にも応用できる．具体例として以下にまとめ紹介する（表 11-1）．

表 11-1　シジュウカラの警戒声の研究プロセス

General Question	鳥は鳴き声によってどのようなやりとりをしているのだろうか興味を持った．
Facts	観察をしていたら，捕食者が時々ヒナを襲うことがわかった．捕食者はカラスと蛇. 　ハシブトガラス：嘴で巣の入り口からヒナをつまみ出し食べる 　アオダイショウ：巣に進入し，ヒナを丸呑みにする 捕食者が巣に近づくと，親は繰り返し警戒声をだしていた．
Previous Study	これまでの研究では警戒声は捕食者を追い払う効果があると考えられていた．
Critical thinking	大声をだしたら，まだ巣に気づいていない捕食者にまで巣のありかを知らせてしまうのではないか．なぜ親は警戒声をあげるのだろうか．
Hypothesis	警戒声でヒナに危険を知らせているのではと仮説を立てた．
Research	カラスとヘビを見つけた時の親の警戒声とそれに対するヒナの反応を調べることにした．
Research Method	（巣箱をたくさんかけ，シジュウカラが卵を産んだ巣を探した．）成長の同じ時期の雛で比較するために，その中の雛が 17 週，巣立ち間近になった時，11 の巣ではハシブトガラスの剥製，10 の巣では透明ケース入り生きたアオダイショウを親に見せ，計 21 巣で，マイクとレコーダーで親の声を録音，巣箱に設置した小型ビデオカメラで巣の中のヒナの行動を録画した．
Research Findings	カラスの剥製を見た親鳥は「チカチカ」という声をだし，雛は頭を低くしてうずくまった． ヘビを見た親鳥は「ジャージャー」という声をだし，雛たちは巣箱から飛び出した． 「カラスだ，ひっこめ」，「ヘビだ，とびだせ！」という 2 種類の声があり，親は捕食者を追い払うのではなく，雛に指示をしていることがわかった． カラスはクチバシを巣箱の穴から入れて雛を襲うので，雛が巣箱のクチバシの届かないところにいれば安全である．蛇の場合はスルスルと穴に入ってしまうので，雛は巣箱の中にいたら全部食べられてしまう．親はそれを知っており，適切な指示を出していた．

出所）鈴木 2011 をもとに筆者作成．

　シジュウカラの警戒声の研究は，研究の基本プロセスだけでなく，以下の様な研究のコツや注意点を教えてくれる．① 日常の小さな疑問が大きな結果につながる．② よく観察し，実態を知ることで研究方法が考えられるようになる．③ 先行研究やすでに言われていることを鵜呑みにせず，クリティカルに考えることで新たな研究が生まれる．④ 仮説を検証するために，最適な研究方法を考えることが重要である．⑤ 調査はともかく時間がかかる．

③　社会言語学の分野とこれからの課題

　日常のさまざまな事が社会言語学の対象となる．ここでは冒頭にあげた中心課題を達成するためにこれからもっと研究すべき課題について述べる．

　「実際の環境での生きた使い手のことばの使い方」を対象にしているわけだが音声部分の研究は多くない．特に韻律的特徴は，コミュニケーションに大きく影響する．「ありがとう」と言ったとして，その言い方次第で意味が変わり，意味が逆転する場合もある．録音・録画データの文字化は台本の様な形式でやることが多いが，基本的には楽譜形式がよい．小節を早さの目安に利用し，音符で話し方の調子をあらわすという発想で，間も含めて韻律的特徴がはっきりわかる．鳥の声の記述に楽譜を使ったものがあり（川﨑 2018），自然音は音譜以上に複雑で普及しなかったようであるが発想は似ている．技術革新の時代，音声研究も録音データをコンピューターソフトで分析できるようにもなっている．SUGI SpeechAnalyzer は話し言葉の分析ソフトとして開発されている．一般的なサウンド編

集ソフトの転用でも分析は可能である．しかしサウンドスペクトロ
グラムなどに慣れるには時間がかかる．見慣れた楽譜のようなもの
にしてくれる自動音声変換ソフトなどの開発に期待する．

「その使われ方の法則」を見るとき，研究者の分析力で発信者が
どういうつもりでそのことばを使い，聞き手はそれをどう受け取っ
ているかを分析していくのが普通である．聞き手の受け取り方は，
たくさんの聞き手に同じ内容を示して反応を見るなど，研究方法で
工夫ができるだろうが，発信者の意図を知るのは簡単ではない．デー
タが大きい場合は，その処理の仕方で何らかの法則を見つけ出す
ことが可能であろう．データが少ない場合，あるいはケーススタディー
の場合，発信者の内省そのものを直接知りたい．e メールを書
く時，多くの人が書き直しながら書いている．パソコン上の作業で
あるのでそれを記録に残すことは容易である．ブツブツと考えてい
ることを口にだしながら書いていればその時に，あるいは書いた直
後に再度書いている場面を見ながら修正したときに考えていたこと
を話してもらい，QuickTime などのソフトで音声付きで画面収録
ができる．英語母語話者に，身近にいる人にお礼，断り，お悔やみ
のメールを書いてもらい，書き直した部分の修正理由を語ってもら
った（川﨑 2016）．まだ実験段階であるが，英語母語話者がメール
を書くときに気を配っていることが見えてきており，発信者の内省
を発信者から直接語ってもらう方法として有効であると考えている．

「ことばの持つ力」の研究方法としては「変化」を捉える研究が
もっとなされるべきである．変化は，一人の人間の変化と，社会変
化に連動した変化の 2 つの側面が考えられる．個人の変化は発達社
会言語学の分野である．これまで主に子どもの研究が多く，もっと

大人の研究をすべきであろう．特に日本では，大人になっても人生の節目節目で変化し続ける話者規定のステレオタイプがあり自分の話すことばに自信が無い人が多い（川﨑 2017）．日本語の大人用のことばのハウツー本は話し手に対する社会の期待や具体的な言語運用意識の説明も多く，研究対象に適している（川﨑 2000）．社会変化に連動した言語変化の研究は，思考規程を浮き彫りにする．特に，日本は明治，大正，昭和，平成と大きく価値観が変わってきており，そこでの言語変化，或いは言語から価値観を変えようという動きなど，研究対象としては最適である．

　社会言語学では何を研究するにもまずは日常の気づきが大事な出発点である．常にアンテナを張って身近なことを良く観察し客観的に見ることが大事である．これまでに言われていることを知ることは大事だが，それと同時に自分の発見や，視点を大切に課題に取り組むことが大事である．また，研究方法に関しては創造的な発想と工夫が大事である．

　社会言語学から何を学ぶことができるだろうか．経験上だが，社会言語学にたずさわるとその影響を少なからず受ける．違いに意味を見いだすため，多様性を認め，多様性に意味があると感じるようになり，寛大になり，まずは相手を受け入れようとし違いの理由を探すようになる．客観的な分析を心がけるが，同時にことばの力を読み取る力が必要で，それは訓練され，ことばがいかにダイナミックで，いかに繊細かを感じる様になる．そして，観察や気づきの楽しみを知り，ことばを科学することが楽しい作業になる．

　本章では，社会言語学の世界を，視点，方法，これからの課題の3部に分け，一研究者の立場でまとめた．

注 ———————————————————————————————————

1）『國語科學講座』では，章ごとに頁が1から振られている．

2） +SSS は socially superior to the speaker で，Harada（1976）が敬語の解説で用いた用語．

3） Hudson（1996）は著書 *Sociolinguistics* 第二版の中でステレオタイプを利用しての話し手がどういう人物であるかを理解する現象を linguistic prejudice と呼び解説している．

参考文献 ————————————————————————————————

Brown, P., & Levinson, S.（1978）Universals in Language Usage Politeness Phenomena. In Goody, E.（Ed.）, *Questions and Politeness: Strategies in Social Interaction*（Cambridge Papers in Social Anthropology: No.8）（pp. 56-310）. New York: Cambridge University Press（ほとんど同内容で，1987年に Brown, Penelope & Stephen Levinson. *Politeness: some universals in language usage*（Studies in Interactional Sociolinguistics; 4）Cambridge University Press として出版されている）．

Harada, S. I.（1976）Honorifics. In Shibatani, M.（ed.）, *Syntax and semantics 5: Japanese generative grammar*,（pp.499-561）. New York: Academic Press.

Hudson, R.（1996）*Sociolinguistics*（2nd ed.）. Cambridge, UK: Cambridge University Press.

Kawasaki, Akiko（2017）Linguistic Adulthood in Japanese『ことば・文化・コミュニケーション』（立教大学異文化コミュニケーション学部）（*Language, culture, and communication : journal of the College of Intercultural Communication*）. 9, 29-52.

安藤正次（1933）「國語學總説」『國語科學講座 Ⅲ 國語學』（pp.1-111）. 明治書院.

川﨑晶子（1981）「小学生の〈です・ます〉表現」堀素子・F.C. パン編『ことばの社会性』（pp.71-80）. 文化評論出版.

——— （1997）「大人の言語発達と成熟語彙・表現」『言語文化論集』（筑波大学現代語・現代文化学系）. 44, 53-67.

——— （2000）Learning Tradition: How-to Books on Spoken Japanese for Native Speakers『言語文化論集』（筑波大学現代語・現代文化学系）. 53,

79-91.

─────（2014）「語の意味変化と社会変化：小鳥，野鳥，探鳥，愛鳥」『こと
　　ば・文化・コミュニケーション』（立教大学異文化コミュニケーション学
　　部）6，31-47.

─────（2016）「画面録画を用いての書き手の内省分析：英語母語話者がメ
　　ールを書くときに何を気にしているかを探る」『ことば・文化・コミュニ
　　ケーション』（立教大学異文化コミュニケーション学部）8，81-90.

─────（2018）「アメリカ英語の鳥声記述：聞きなしとオノマトペ」『こと
　　ば・文化・コミュニケーション』（立教大学異文化コミュニケーション学
　　部）．10，13-31.

菊澤季生（1933）「國語位相論」『國語科學講座 Ⅲ 國語學』（pp.1-67）明治書
　　院.

金水敏（2003）『ヴァーチャル日本語役割語の謎』岩波書店.

鈴木孝夫（1973）『ことばと文化』岩波書店（岩波新書　青版858）.

─────（2015）『鈴木孝夫の曼荼羅的世界──言語生態学への歴程──』冨
　　山房インターナショナル.

鈴木俊貴（2011）「シジュウカラの警戒声」『私たちの自然』566，22-24，日本
　　鳥類保護連盟.

田中ゆかり（2011）『「方言コスプレ」の時代──ニセ関西弁から龍馬語まで
　　──』岩波書店.

編著者紹介 （五十音順）

池田伸子 （いけだ　のぶこ）【Chapter 3】
1961 年生まれ.
国際基督教大学大学院博士後期課程修了.
現在, 立教大学異文化コミュニケーション学部教授.
主要業績
『CALL 導入と開発と実践——日本語教育でのコンピュータの活用——』くろしお出版,
　　2003 年.
『日本語教育学シリーズ　第 6 巻　映像の言語学』（共著）, おうふう, 2002 年.
『ビジネス日本語の研究』東京堂出版, 2001 年.

川﨑晶子 （かわさき　あきこ）【Chapter 11】
1953 年生まれ.
筑波大学大学院文芸・言語研究科博士課程満期退学.
立教大学名誉教授.
主要業績
"Linguistic Adulthood in Japanese（日本人の大人の言語発達）"『ことば・文化・コミュ
　　ニケーション』立教大学異文化コミュニケーション学部紀要　第 9 巻, pp. 29-52,
　　2014 年.
『日本人とアメリカ人の敬語行動』（共著）, 南雲堂, 1986 年.
『野鳥と文学——日・英・米の文学にあらわれる鳥——』（共著）, 大修館書店, 1982 年.

髙橋里美 （たかはし　さとみ）【Chapter 9】
1958 年生まれ.
ハワイ大学大学院第二言語習得学専攻博士課程修了（PhD in Second Language
　　Acquisition）.
現在, 立教大学異文化コミュニケーション学部教授.
主要業績
"Individual learner considerations in SLA and L2 pragmatics." In *The Routledge
　　Handbook of Second Language Acquisition and Pragmatics*, Routledge, 2019, pp.
　　429-443.
"Assessing learnability in second language pragmatics." In *Pragmatics across
　　Languages and Cultures, Handbooks of Pragmatics, Vol. 7*, De Gruyter Mouton,
　　2010, pp. 391-421.
"The role of input enhancement in developing pragmatic competence." In *Pragmatics
　　in Language Teaching*, Cambridge University Press, 2001, pp. 171-199.

Ron Martin（ロン・マーティン）【Chapter 7】
1969 生まれ.
テンプル大学ジャパンキャンパス TESOL 応用言語学博士修了.
現在，立教大学異文化コミュニケーション学部准教授.

主要業績

Martin, R. (2011). A pilot EFL oral communication test for Japanese elementary school students. Journal of the College of Intercultural Communication, 3, pp. 153-173.

Martin, R., Schnickel, J. & Maruyama, Y. (2010). Possible selves analysis of Japanese university study abroad students. Intercultural Communication Studies, 19(2), pp. 202-216.

Martin, R. (2009). Elementary school students' beliefs about their EFL classes. JALT 2008 Proceedings, pp. 202-215.

丸山千歌（まるやま　ちか）【Chapter 2】
1968 年生まれ.
国際基督教大学大学院比較文化博士後期課程修了，博士（学術）.
現在，立教大学異文化コミュニケーション学部教授.

主要業績

『新界標日本語総合教程』1-4 冊，復旦大学出版会，2012-2017 年（上海市級教学成果賞二等賞）.

「ことばはなぜ消えてしまうのか――言語消滅の要因論を日本の方言に応用する――」『国際日本学入門：トランスナショナルへの 12 章』成文社，2009 年.

『中・上級日本語教科書　日本への招待（テキスト）第 2 版』東京大学出版会，2008 年.

「日本語教材の文化トピックからの学習者の発想――学習者とのインタラクションの解明に向けた PAC 分析の可能性――」『日本語教育のフロンティア――学習者主体と協働――』くろしお出版，2007 年.

森（三品）聡美（もり（みしな）さとみ）【Chapter 5】
1966 年生まれ.
カリフォルニア大学ロサンゼルス校大学院応用言語学博士課程修了. Ph.D. in Applid
Linguistics.
現在，立教大学異文化コミュニケーション学部教授.
主要業績

Mishina-Mori, S. (2020). Cross-linguistic influence in the use of objects in Japanese/
English simultaneous bilingual acquisition. *International Journal of Bilingualism*.
24(2), pp.319-338.

Mishina-Mori, S., Nakano, Y. & Yujobo, Y. J. (2019). Conceptual transfer in connecting
events in Japanese-English bilingual teenagers' narratives. E. Babatsouli (ed.),
*Proceedings of the International Symposium on Monolingual and Bilingual
Speech 2019*, pp. 80-85.

Mishina-Mori, S., Matsuoka,K., & Sugioka, Y. (2015). Cross-linguistic influence at the
syntax-pragmatics interface in Japanese-English bilingual first language
acquisition. *Studies in Language Sciences: Journal of the Japanese Society of
Language Sciences*, 14, pp.59-82. Kaitakusha.

執筆者紹介 (執筆順)

西原鈴子 (にしはら　すずこ)【Chapter 1】

1941 年生まれ.

ミシガン大学ラッカム大学院言語学専攻博士後期課程修了.

現在, 特定非営利活動法人日本語教育研究所理事長.

主要業績

「国内外の日本語学習・教育と日本語教師養成・研修の課題――公的認証 (アクレディテーション) をめぐって――」『日本語教育』172 号, 2019 年.

『言語と社会・教育　シリーズ朝倉〈言語の可能性〉8』(編著), 朝倉書房, 2010 年.

『講座社会言語科学　第 4 巻　教育・学習』(編著), ひつじ書房, 2008 年.

山本雅代 (やまもと　まさよ)【Chapter 4】

1952 年生まれ.

国際基督教大学大学院教育学研究科博士後期課程修了, 博士 (教育学).

関西学院大学名誉教授.

主要業績

"Contemporary Studies in Bilingualism and Multilingualism" (Four-Volume Set). Edited by Masayo Yamamoto. Ready to be published soon. SAGE Benchmarks in Language and Linguistics.

"Language Use in Interlingual Families: A Japanese-English Sociolinguistic Study," *Multilingual Matters*, 2001.

『バイリンガルはどのようにして言語を習得するのか』明石書店, 1996 年.

Rod Ellis (エリス・ロッド)【Chapter 6】

1944 生まれ.

PhD, University of London.

現在, Research Professor, School of Education, Curtin University, Perth, Australia.

主要業績

Reflections on Task-based Language Teaching, Multilingual Matters, 2018.

Becoming and Being an Applied Linguist, John Benjamins, 2016 (Ed.).

Understanding Second Language Acquisition, 2nd edition, Oxford University Press, 2015.

村野井 仁 (むらのい ひとし)【Chapter 8】
1961 年生まれ.
ジョージタウン大学大学院博士課程修了, Ph.D in Linguistics.
現在, 東北学院大学文学部教育学科教授.
主要業績
『英語教育用語辞典 第3版』(共著), 大修館書店, 2019 年.
『詳説第二言語習得研究』(共著), 研究社, 2010 年.
『第二言語習得研究から見た効果的な英語学習法・指導法』大修館書店, 2006 年.

鈴木孝夫 (すずき たかお)【Chapter 10】
1926 年生まれ.
慶應義塾大学文学部卒業.
慶應義塾大学名誉教授.
主要業績
『鈴木孝夫の曼荼羅的世界——言語生態学への歴程——』冨山房インターナショナル,
    2015 年
『日本の感性が世界を変える——言語生態学的文明論——』新潮社, 2014 年.
『ことばと文化』岩波書店, 1973 年.

立教大学異文化コミュニケーション学部研究叢書　III

先の見えない現在
――人，地域，文化，社会をつなぐ「ことば」を考える――

2020年9月20日　初版第1刷発行　　　＊定価はカバーに
　　　　　　　　　　　　　　　　　　　表示してあります

　　　　　　　　　　　　　　　　　池 田 伸 子
　　　　　　　　　　　　　　　　　川 﨑 晶 子
　　　　　　　　　　　　　　　　　髙 橋 里 美 ©
　　　　　　　　　編著者　　　　　ロン・マーティン
　　　　　　　　　　　　　　　　　丸 山 千 歌
　　　　　　　　　　　　　　　　　森(三品)聡美
　　　　　　　　　発行者　　　　　萩 原 淳 平
　　　　　　　　　印刷者　　　　　田 中 雅 博

　　　　　発行所　株式会社　晃 洋 書 房
　　　　　〒615-0026　京都市右京区西院北矢掛町7番地
　　　　　　　　　　　　電話　　075(312)0788番㈹
　　　　　　　　　　　　振替口座　01040-6-32280

装丁　(株)クオリアデザイン事務所　印刷・製本 創栄図書印刷(株)
ISBN978-4-7710-3374-0